KB147355

Oráculo
Manual
y
Arte de
Prudencia

세속적인 세상에서
사는 지혜

세속적인 세상에서 사는 지혜

초판 1쇄 인쇄 2024년 10월 2일
초판 1쇄 발행 2024년 10월 10일

지은이 발타사르 그라시안
편역자 이동연
펴낸이 최석두

펴낸곳 도서출판 평단
출판등록 제2015-000132호(1988년 07월 06일)
주소 (10594) 경기도 고양시 덕양구 통일로 140 삼송테크노밸리 A동 351호
전화 (02)325-8144
팩스 (02)325-8143
이메일 pyongdan@daum.net

ISBN 978-89-7343-577-0 (03190)

Oráculo
Manual
y
Arte de
Prudencia

나의 행복을 지켜내는 가장 현실적인 조언!

세속적인 세상에서
사는 지혜

발타사르 그라시안 지음 | 이동연 편역

평단

차례

{1장} 오늘날 성숙해진다는 것

{2장} 언제나 시작보다 마무리를 좋게 하라

{3장} 자신의 호감도를 높이는 요령

{4장} 배울 것은 배우고 버릴 것은 버려라

{5장} 무엇이든 어설프게 하지 마라

{6장} 누구나 자기가 합리적이라고 생각한다

1장

오늘날
성숙해진다는 것

오늘날 자기 성숙을 이룬다는 것

모든 것이 절정에 다다른 오늘날, 성숙해진다는 것은 고대 그리스 일곱 현자*보다 더 많이 알고 깨달아야 한다는 것이다. 또 단 한 사람만 다루려 해도 과거 한 나라를 다스리는 것보다 더 많은 노력이 필요하다.

---

* 일곱 현자는 탈레스, 피타쿠스, 비아스, 솔론, 클레오불루스, 마이슨, 킬론. 여기서 현자(sabio)는 해박하고 현명해서 현실을 미래 지향적으로 해결하는 사람이라는 뜻이다.

기질과 재능의 조화

　인생의 두 기둥이 기질*과 재능**이니 둘 중 하나만 있다면 반쪽 인생이다. 기질만으로 충분하지 않아 재능이 필요한 것처럼, 재능만으로도 충분하지 않아 기질도 필요한 것이다. 재능은 있는데 기질이 약하거나 기질은 있지만 재능이 부족하다면 어떤 일도 해낼 수 없다. 기질은 성품이라 할 수 있고 재능은 독창성이라 할 수 있다. 재주가 좋아도 인품이 형편없으면 자신에게 맞는 위치를 찾지 못하고 좋은 동료를 두지 못한다. 그래서 재능을 계발해야 하듯이 기질도 재능 발휘에 적합하도록 잘 가다듬어야 한다.

---

*　기질(Genio)은 타고난 재주나 성격을 말한다.

**　재능(Ingenio)은 노력해서 얻는 지식, 상상력, 이해력 등이다.

~ 03 ~
네 카드를 다 보여주지 마라

성공 여부는 사람들의 호기심을 얼마나 불러일으키느냐에 달렸다. 카드놀이를 할 때 내 패를 다 보여주면 상대가 승리하게 된다. 이기고 싶으면 약간의 의도만 비치고 나머지는 미스터리로 남겨두라. 상대가 궁금해하도록.

무엇을 설명할 때도 너무 상세히 하지 마라. 다 알고 나면 호기심이 없어진다. 신중한 침묵이라는 성소에 지혜가 머물러 있으니, 아무리 친해도 의도만 비치고 속마음을 모두 드러내지는 마라. 궁금해야만 심장이 팔딱이니 무엇이든 노골적이면 경탄은커녕 비판할 여지만 커진다. 추측과 호기심으로 뭇 사람의 이목을 끌고 경탄을 받는 것이야말로 침묵의 성소에 머무는 지혜다.

04
지식의 등불을 켜고 용기 있게 내디뎌라

　용기와 지식은 위대하다. 스스로 불멸이면서 불멸을 낳는다. 누가 지혜로울까. 용기와 지식이 있는 사람이다. 그들은 모든 것을 할 수 있다. 지식 없는 용기는 어둡고 용기 없는 지식은 쓸모없으니 지식은 눈과 같고 용기는 손, 발과 같다. 그러니 지식의 불을 밝히고 용기 있게 발걸음을 내디뎌라. 불멸의 길로 갈 것이다.

〜〜 05 〜〜
따라오게 하라, 매달리지 말고

사람들이 당신을 의지하도록 하는 것이 감사하다는 말보다 낫다. 감사하다는 말을 믿는다면 순진한 자이고, 필요를 채울 수 있다는 희망으로 묶어두는 자가 영리한 자다. 희망은 미래에 기대하는 무엇이지만 감사는 과거의 것으로 곧잘 잊힌다. 인간은 받은 은혜보다 받을 기대가 큰 곳을 향해 움직인다.

사람이 목마름을 해결하면 우물을 떠나고 오렌지가 금쟁반에 있어도 먹고 나면 그 껍질은 버린다. 의존성이 사라지면 그동안의 친절도 존경도 사라진다.

사람들에게 희망을 주되 완전히 만족시키지는 마라. 그래야 왕좌에 계속 앉아 있을 수 있다. 자신만을 위해 다른 이에게 치유할 수 없는 상처를 주어서는 안 된다. 자꾸 그러면 희망 고문에 지친 이들이 은근히 그대가 잘못되기를 바란다. 그러니 어느 정도 만족을 주면서 계속 기댈 수밖에 없도록 해야 한다.

삶은 성숙을 향해 가는 여정이다

우리는 모두 미완성으로 태어나 완성을 향해 가다가 미완성인 채 마감한다. 마치 쓰다가 만 편지처럼. 그 과정이 성숙을 향해 가는 여정이다. 이 여정에서 많은 인연을 맺는다. 좋은 인연도 나쁜 인연도 맺고, 기막힌 일도 경험하며 성숙을 향해 한 걸음씩 나아간다.

성숙의 정점 근처에 가면 맑은 생각, 고결한 취미, 바른 판단력, 확고한 의지, 자제력 등이 있다. 누구에게도 이 모두를 갖춘 완벽한 성숙은 없지만, 어떤 것만큼은 완전히 이룬다.

여하튼 우리는 모두 성숙을 향해 간다. 좀 더 빠르냐, 늦느냐의 차이일 뿐. 하지만 성숙에 가까운 사람들의 특징은 분명하다. 말과 행동이 사려가 깊고, 역시 사려 깊은 사람들과 친밀감이 형성되어 있다.

우쭐대지 마라, 특히 상사 앞에서

경쟁해서 얻는 승리는 증오를 잉태한다. 그런데도 유능하다고 우쭐거리는 것은 어리석은 일이다. 상대가 상사라면 치명적인데, 어떤 상사도 경쟁하기보다 성실하기를 원한다. 우월성은 선망하지만 우월함을 드러내면 미워한다. 만약 용모가 수려하다면 두드러지지 않도록 옷을 수수하게 입어라. 그럼으로써 듣는 칭찬의 말은 여러모로 유익하다.

사람들은 성격이나 운명을 탓하는 것은 잘 이해하지만 무식하고 분별력이 뒤진다고 하면 참지 못한다. 왕이나 상사가 특히 그런데, 윗사람이 지녀야 할 자질이 분별력이기 때문이다. 당신의 분별력이 상사보다 뛰어나다 해도 한 수 가르쳐준다는 식으로 접근하지 마라. 이미 상사도 아는데 회상하게 해준다는 식으로 해야 한다. 밤하늘의 별들은 억만년이 되도록 반짝이면서도 '우리는 결코 태양 빛과 다투지 않는다'고 소곤거린다.

⚡ 08 ⚡
충동을 다스려라

짐승이라면 충동대로 살아라. 그나마 짐승의 충동은 생존본능에만 한정되어 있지만 인간은 다르다. 충동에 과시욕까지 더하면 한도 끝도 없어 충동이 이끄는 대로 살면 그야말로 짐승보다 못한 존재로 전락한다.

인간의 존재론적 핵심은 자유의지다. 자유의지는 충동에 휘둘리지 않는 것이다. 특히 사소하고도 저속한 자극에 흔들리지 않도록 하라. 자신을 잘 다스리는 것보다 나은 가치는 없다. 가끔 충동이 일어나도 일상에까지 영향을 미치지 않게 하라. 그것만이 스캔들을 피하고 평판도 지키는 유일한 길이다.

자기 결함에서 맴돌지 마라

강물은 발원지가 어디든 강바닥에서 좋거나 나쁜 것 가리지 않고 모두 훑어가며 바다로 흘러간다. 사람도 타고난 기질과 자라온 환경에 따라 각기 장점과 결함을 지닌 채 살아간다. 여기서 꼭 결함에만 주목하고 원망하면 나태해지기 쉽다. 나태해지면 결함이라는 소용돌이에 빠져 지내는 괴물이 되고 만다.

'왜 하필 이런 나라, 이런 집안에서 태어났지? 이런데 뭘 한들 제대로 할 수 있겠어.'

아니다. 제국의 역사를 보면 누구보다 열악한 주변국의 힘든 집안에서 태어나 천하를 제패한 영웅도 많다. 자신의 결함이 어디서 연유했든 나름대로 개선하거나, 여의치 않더라도 그 결함에 발목이 잡히지 않도록 경계해야 한다. 그것만이 어떻든 악조건도 뚫고 나가 탁월해지는 길이다.

명성과 행운

행운은 일시적이지만 명성은 영속적이다. 시대의 물결에 따라 행운과 불행이 뒤웅박처럼 달라진다. 일생 행운이 따른다 해도 그 가치는 사는 동안뿐이지만 명성은 죽고 난 후에도 지속된다. 그래서 행운은 시기, 질투와 맞서야 하고 명성은 망각과 맞서야 한다.

누구든 행운을 원하며 조장해볼 수 있지만 명성은 미덕으로만 획득되는데, 미덕은 풍문으로 금세 퍼진다. 풍문의 여신이 누구인가. 거인족의 자매로 수많은 눈과 귀를 가진 파마*이다.

산꼭대기의 놋쇠 궁중에 살며 머리를 구름 위에 두고 대지 위의 모든 일을 지켜보다가 세상에 새 소식을 전한다. 그것이 풍문이다. 이런 파마를 두고 세상 사람들의 평가는 극단적이어서 기괴하다거나 비범하다고 한다.

---

* 파마(Fama)가 곧 명성(Fame)이다.

II

하나라도 배울 게 있는 사람과 사귀어라

기왕이면 주변에 자기계발에 도움이 되는 사람을 두어라. 그들과 우정을 지식의 전당으로 삼고 대화로 서로 교양을 길러라. 그것이 이해관계에 따라 사람을 만나는 것보다 훨씬 현명하다. 무엇을 가졌느냐보다 누구를 만나느냐가 더 중요하다.

배움은 상호적이니 지식을 주고받아야 함께 유익하고 즐거움도 동시에 누릴 수 있다. 사려 깊은 사람들을 보라. 그들은 허영이 가득한 궁전보다는 지혜로운 이를 찾아간다. 지혜로운 자가 있는 곳이야말로 교양의 극장이기 때문이다. 이 극장으로 가라. 역시 비범한 사례가 있는 사람들이 모여 수시로 지혜의 아카데미를 연다.

12

기질을 갈고닦아 기교로 만들어라

장인은 자연을 재료로 삼아 기교를 부린다. 그렇게 탄생한 아름다움이 예술이다. 자연이 질료라면 예술은 형상이다. 자연 자체로는 거칠 수 있어 우리에게 최고로 만들려면 기교에 의지하기도 해야 한다. 기교가 없는 자연은 야만적이라서 기교를 더해야 우수해진다.

자연에서 온 인간도 반드시 갈고닦아야 한다. 우리 안에 묻힌 소질은 훈련으로 빛이 나기 때문이다. 갈고닦지 않으면 소질을 기를 수 없고 어떤 탁월성도 드러내지 못하며 인생 전체가 야만성에 머물고 만다. 타고난 소질이 좋으면 좋을수록 그대로 두면, 쓸모 있는 재주를 부리지 못하면 삶의 끝자락에 후회만 남는다. 어떤 소질이라도 갈고닦고 또 닦아라. 그러면 자기완성이라는 기쁨을 누리게 된다.

🙚 13 🙙

노출과 은폐를 병행하라

의도를 때로는 감추고 때로는 드러내라. 어떤 때는 깊이 생각한 것처럼, 또 다른 때는 충동적인 것처럼 해보라. 인생에서는 사악한 의도와 계속 싸워야 해서 기만전술이 날뛸 수밖에 없다. 상대를 방심하게 하여 급습하고 상대이목을 다른 데로 돌려 공략하는 일들이 많다.

속이려고 거짓을 진실인 듯이 덮고, 꾸밈을 숨기려고 게임의 규칙까지 바꾼다. 그러면서도 가장 공정한 기반위에 우뚝 서 있는 것처럼 꾸민다. 따라서 겉보기에 좋다고 꼭 좋은 것만은 아니다. 수없이 전개되는 기만전술에 대응하려면 숨어서 적의 움직임을 살펴야 한다.

어떤 이중성인지 알아차리고 한두 번, 심지어 세 번째까지도 모르는 듯 꾸몄다가 단숨에 허점을 파고들어야한다. 아폴로는 어둠을 세밀히 살피고 명쾌한 대안을 마련한 뒤 빛의 화살을 던져 파이톤을 물리쳤다.

🦅 14 🦅
실체와 속성

자연에는 원소가 92개 있다. 어떤 물질이 이루어지려면 원소 자체만으로는 충분하지 않다. 어떤 우연이 더해져야 한다. 삶도 마찬가지다. 인간이라는 실체는 어떤 속성으로만 드러난다. 이 속성을 아퀴나스 등 스콜라 철학에서는 징표 또는 성질로 본다. 속성 없는 실체는 없으며 실체는 하나의 징표로 드러난다.

사물에서 징표가 인간에게는 태도다. 실체가 어떠하든 태도가 나쁘면 많은 것을 망치게 된다. 심지어 이성과 정의까지 손상된다. 그러나 태도가 좋으면 어지간해서는 무슨 일을 해도 사람들이 칭찬으로 도금해준다. 애정에도 매너가 좋게 배어들게 하고, 표현에도 즐거움이 스며 있게 하라. 이런 태도가 모든 일을 잘 헤쳐나가는 데 큰 도움이 된다.

๛ 15 ๛

나보다 뛰어난 이를 곁에 두어라

강자의 특권은 최고의 책사를 둘 수 있다는 것이다. 그런데도 자기보다 뛰어난 측근을 두기 꺼리는 리더들이 많다. 그러면 그 조직의 미래는 내리막길을 걷는다. 내게 부족한 것을 보완해줄 사람을 부릴 수 있다면 엄청난 일을 할 수 있다.

누가 위대한 리더인가. 현명한 자를 활용해 무지를 해소하고 난관을 극복하는 자들이다. 이들은 티그라네스 왕*과 취향이 같다. 이런 취향이야말로 공부하지 않고 공부하는 것이며, 다른 사람에게서 많은 것을 얻어 지혜롭게 되는 길이다. 이런 리더의 입에서 현자의 말이 대중 앞에서 자유자재로 나오므로 리더는 신탁**자라는 명성을 얻게 된다.

---

* 티그라네스(Tigranes)는 기원전 1세기경 아르메니아의 뛰어난 정복 군주로, 포로로 잡은 왕들을 거느리고 다니기를 좋아했다.
** 신탁(oráculo)은 신성한 뜻이라는 말로 지혜를 의미한다.

지식을 늘리며 선한 의도를 더해 가라

지식에 선한 의도를 결합하라. 그래야 지속적으로 성공과 더불어 자부심을 이어갈 수 있다. 성공했다 해도 지식에 악한 의도를 결합한 결과라면 자기 존중감이 부족하고, 악한 의도가 드러나 파멸하지 않을까 하는 두려움을 안고 부자연스러운 성공의 길을 걸을 수밖에 없다. 다시 말해 악한 의도로도 얼마든지 탁월해질 수 있다. 하지만 그런 탁월성은 제 발등을 제가 찍는 것처럼 더 교묘한 행태로 자기 허무를 불러온다. 따라서 어리석음의 극치는 사악한 의지와 뛰어난 지식이 결합하는 것이다. 이에 비해 지혜의 극치는 선한 의지와 지식을 함께 키워가는 데서 탄생한다.

✎ 17 ✎
가끔 행동방식을 바꿔보라

어떤 일을 하든 항상 같은 방식으로만 하려는 사람이 있다. 이런 매너리즘에 빠지면 작은 변화에도 효과적으로 대응하기 어렵다. 바둑에서 상대에게 수를 다 읽히면서 어떻게 이길 수 있겠는가. 특히 경쟁자가 있으면 다양한 방식을 동원해 상대방의 주의를 분산해야 한다. 매번 상투적인 방식으로 대하면 경쟁자가 이미 알고 가볍게 제압한다.

똑바로 나는 새는 화살로 잡기 쉽지만 지그재그로 나는 새는 잡기가 어렵다. 오죽하면 닭의 걸음걸이를 본뜬 권법이 있겠는가. 게임의 여왕은 결코 상대가 예측하거나 기대하는 카드를 내놓지 않는다.

18

능력과 적응력

능력과 적응력 중 하나만 없어도 탁월한 명성을 얻을 수 없다. 능력이 많지 않아도 성실하고 적응을 잘하면 평범하게는 살 수 있다. 능력이 뛰어나도 성실하지 못하면 큰 성과를 낼 수 없으며 게다가 적응까지 못 한다면 평범하게 살기도 어렵다. 자기 능력만 믿고 성실하지도 적응하지도 못하는 사람들이 늘 하는 불평이 있다.

'내 능력에 비추어 볼 때 하는 일이 너무 하찮다.'

만약 이들을 리더로 올려놓으면 그 조직은 하는 일도 없이 공전하다가 소멸하게 된다. 이런 자들은 먼저 어떤 일이든 귀천을 따지기 전에 그 일을 잘해 자기 역량을 성실히 입증해야 한다. 능력도 성실하지 않으면 금세 쪼그라든다. 본디 능력이 있어 성공했던 사람이 그 후 궁지에 몰리는 경우가 바로 예전처럼 성실하지 않았기 때문이다. 성공을 유지하는 데 대가는 성실성뿐이다.

처음부터 너무 큰 기대감은 주지 마라

어떤 일을 할 때 처음부터 사람들에게 지나친 기대감을 품게 하지는 마라. 내가 설령 잘할 수 있다 해도. 일은 생각대로 안 될 때도 있다. 그처럼 이상과 현실의 괴리는 언제나 있다. 그런데도 현실보다는 이상에 치우쳐 기대감을 한껏 높였을 경우 적절한 성취를 해놓고도 사람들의 실망을 피하지 못한다. 기대감은 언제나 욕망과 결합하기 쉬워 원래보다 훨씬 더 많은 희망을 불러일으킨다. 그러한 희망을 불어넣는 것이야말로 진실을 무시하는 위조행위다.

물론 억지로 속이려 한 것이 아니라 좋은 취지로 그랬을 것이다. 자신도 모르게 이런 위조행위를 저지르지 않으려면 무엇을 시작할 때 기대심리를 낮추어야 하는데, 호기심을 가질 정도로만 해두어야 한다. 그래야 결과에 대해 과도한 환상에 빠지지 않았다가 어떤 성과를 내도 예상 밖의 성과라며 감탄한다.

20

때에 맞춰 움직여라

시대마다 요구하는 인물이 다르다. 여기에 부응하면 영웅이 된다. 아무리 비범해도 시대와 맞지 않으면 평범하게 된다. 영웅은 시대의 자식이다. 누구나 한 시대를 풍미하는 인물이 되고 싶어 하면서 아쉽게도 자기 시대를 아는 사람이 많지 않다. 뒤늦게 깨닫기도 하지만 그때부터 새로 응용하려면 상당한 시간이 걸린다.

과거 같으면 쓸모없는 재능도 시대가 변해 최고 가치가 되기도 한다. 시대별로 드러나는 가치가 그만큼 다르다. 모든 생물이 그들만의 시기를 따라가듯이 어떤 천부적 재능도 시대적 양식에 복종할 수밖에 없다. 그런데도 현자에게는 장점이 하나 있다. 설령 자기 시대가 아니더라도 지난 시대를 돌아보고 다가오는 시대를 내다본다. 그 결과 전 시대를 일관되게 꿰뚫는 불멸의 지혜를 발휘한다.

행운의 규칙

행운은 절호의 기회를 따라서 온다. 그 기회를 잘 잡아야 비로소 행운이 내 것이 된다는 뜻이다. 행운의 여신은 언제나 기회를 먼저 내보내고 바로 뒤따르는데 특별한 사람만 찾지 않고 누구에게나 온다. 따라서 '행운이 왜, 어떤 사람에게만 따를까?'라고 묻기보다 찾아온 기회를 어떻게 내 것으로 만들지 물어야 한다.

어떤 사람들은 행운의 여신이 있는 신전 문 앞에서 하염없이 기다린다. 또 다른 사람들은 은총을 받겠다며 행운의 여신을 향해 용맹하게 나아간다. 억지로 기회를 만들어보려고 하는 것이다.

기회는 한없이 기다리거나 무작정 돌진한다고 만날 수 있는 것이 아니다. 깊이 생각해보라. 그러면 미덕을 쌓고 통찰력을 기르는 것 외에 절호의 기회를 만날 방법이 없다는 사실을 알게 된다. 행복과 불행이 신중하냐, 경솔하냐에 달려 있기 때문이다.

22

재치 있게 말하려면

말 한마디로 천 냥 빚을 갚는다. 같은 말도 어떻게 하느냐에 따라 결과가 천양지차다. 같은 여건에서 재치 있는 말로 천하를 얻기도 하고 아둔한 말로 목숨을 잃기도 한다. 재치 있는 말은 상황에 딱 떨어지게 표현하는 것이다.

하나를 배워 열을 깨닫는 사람도 있고 열을 배워야 겨우 하나만 깨치는 사람도 있다. 재치 있게 말하려면 먼저 세상 돌아가는 것을 폭넓게 이해부터 해야 한다. 깊고 방대한 지식보다는 누구나 수긍할 만한 시사성 있는 보편 지식이 필요하다는 뜻이다. 여기다 상황에 맞는 위트를 더하면 좀 더 재치 있게 말할 수 있다. 이런 말들이 바로 명언이다. 명언에는 하나로 모든 일을 꿰뚫는 힘이 있기에 어떤 심오한 가르침보다 더 많은 깨달음을 준다.

23

결점이 부끄러운 것은 아니지만

성격이나 육체, 도덕적으로 모두 완벽한 사람은 없다. 사람들이 대부분 자신의 이런 결점을 대수롭지 않게 생각하면서도 다른 이의 흠은 작은 것이라도 찾아내려 한다. 내 눈의 들보는 못 보고 다른 이의 티끌만 보는 것이다. 여기에 대비하려면 평소 자신의 어떤 부분이 약한지 잘 알아두었다가 흠집이 되지 않게 해야 한다.

약점 자체는 부끄러운 것이 아니다. 약점을 그대로 두는 바람에 어떤 잘못을 저질렀을 때 수치스러운 것이다. 그렇다고 약점이 자랑스러운 것도 아니다. 약점을 보완해야 약점에도 불구하고 자랑스러운 존재가 된다. 카이사르가 바로 그런 사람이었다. 자기 이마의 흠을 늘 승리의 월계수로 덮고 다녔다.

∼ 24 ∼
상상력을 조절하라

인간은 상상하는 존재다. 상상만으로도 가슴이 뛰거나 의기소침해지기도 하며 괜히 슬퍼하거나 기뻐하거나 불안해하거나 평온해지기도 한다. 그만큼 상상력이 삶의 행복은 물론 이유까지도 결정한다. 이렇게 중요한 상상력을 그대로 두거나 없애지 말고 쓸모 있게 북돋워야 한다.

어떻게 할까? 상상력을 때로는 교정하고 때로는 조장하며 고무줄처럼 조절하는 것이다. 상상력에 빠져 지내거나, 상상력을 무시해버리는 것도 어리석은 짓이다. 스스로 행복하고 희망찬 도전을 하도록 상상력을 관리하라.

⚞ 25 ⚟
상대를 알아차리는 법

뛰어난 화술을 최고의 사교술로 여기는 경향이 있지만 그것만으로는 부족하다. 상대를 헤아리지 못하면 아무리 말재주가 뛰어나도 울리는 꽹과리에 지나지 않는다. 살쾡이처럼 자기 의도를 감추는 이들이 많다. 이들은 상대가 자기 말재주에 취했을 때 자기 뜻대로 일을 꾸미려는 것이다. 신뢰를 얻거나 기만당하지 않기 위해서라도 상대를 알아차려야 한다. 알아차렸는지는 상대의 말과 표정과 몸짓으로 알 수 있다. 그래서 웅변이 은이라면 경청은 금이다. 사람이 아무리 자신을 감추려 해도 말과 표정과 몸짓에 절반의 진실이 묻어나므로 조금만 주의를 기울이면 가늠할 수 있다.

상대가 좋은 말만 한다고 너무 믿지 말고, 싫은 말만 해도 격려하면서 잘 들어보라. 그것이 진실의 단서를 찾아내는 길이다.

∽ 26 ∽
사람을 움직이려면

누군가를 움직이려면 그의 욕망이 무엇인지 알아내야 한다. 욕망이 곧 의지를 움직이는 힘이다. 상대의 숨겨진 욕망을 알아내려면 강요하지 말고 친근한 분위기를 만들어라. 인간의 다양한 욕구, 즉 명예욕, 쾌락, 이익, 명분, 자기과시 등에서 사람마다 좋아하는 욕구는 다르다. 이 중 가장 선호하는 욕구가 곧 그 사람의 우상이다. 이 우상이 다른 욕구를 신도로 거느리며 충동을 일으킨다. 물론 충동은 대부분 드러나지 않고 저급한 것들이 많다.

누구를 움직인다는 것은 바로 그의 우상이 무엇인지 알아채서 이용하는 것이다. 상대가 어떤 우상을 섬기는지 안다면 그 의지의 자유를 조절하는 모든 권리를 갖게 된다.

선택과 집중

탁월하려면 먼저 양보다 질에 집중하라. 살림살이에도 정리하는 기술이 필요하듯이 삶에도 선택과 집중이 필요하다. 무슨 일을 하든 벌이기만 하고 마무리를 하지 못하는 이들이 있다. 이런 용두사미형의 특징이 질보다 양을 추구한다는 것이다.

가장 좋은 것은 언제나 희귀한 법이다. 달도 차면 기울듯 무엇이든 많아지면 가치는 떨어진다. 심지어 역사적인 거인 중에도 왜소한 자들이 많다. 책을 두께로만 평가한다면 책을 머리가 아닌 근육을 기르는 기구로 보는 것과 같다. 그와 같이 무엇이든 크기만으로는 고유한 가치를 식별할 수 없다.

천재들이 실패하는 이유도 문어발식으로 모든 것에 손을 대기 때문이다. 질이 양보다 중요하다. 질적으로 다른 이들이 따라오지 못할 만큼 강력한 인상을 주면 중요한 일이 있을 때 영웅과 같은 존재로 떠오른다.

환호에 취하지 마라

사람들의 박수는 일시적이니 여기에 취하면 어리석은 행동을 하기 쉽다. 박수에는 상한선이 없어 결코 만족할 수 없다. 이 소리만 따라가면 대중의 취향에 따라 카멜레온처럼 계속 변신해야 한다. 카멜레온은 아폴로의 신전이 아닌 군중의 거친 숨결에서 즐거움을 찾는다.

대중의 취향은 감각적인 것으로 순식간에 사로잡을 수 있지만 평판은 오랜 시간이 흐르며 쌓인다. 그럼에도 카멜레온은 군중의 취향을 맞추는 데만 힘을 쏟는다. 군중의 환호에서 자기 존재감을 구하는 것은 무지한 일이다. 군중은 지성보다 요동과 속임수에 쉽게 따라가고 요동과 속임수는 무지와 가깝기에 이 둘을 함께 취하면 결코 지속적으로 존경받기 어렵다.

'지속적인 평판은 고생하면서 얻은 보람 같은 데서 나온다'는 경고에도 군중의 동요에만 주목하는 어리석은 자들이 많다.

29

어깨를 펴고 당당히
기개 있는 사람이 되어라

독재자나 사나운 군중이나 아무도 함부로 대하지 못하는 사람이 있다. 바로 지조* 있는 사람이다. 기개 있던 선현을 떠올려 보라. 이들은 불의에 항복하느니 형장의 이슬이 되기를 택했다. 왕이라도 이들에게 공정의 선을 넘도록 강요하기가 어려웠다.

누가 이러한 지조의 불사조가 될 수 있을까? 누구나 지조를 찬양하지만 끝까지 지키는 이는 드물다. 처음에는 지조를 위해 무엇이든 포기할 것 같다가도 막상 위협을 받으면 포기한다. 그래서 지조에 용기가 더해져야 기개가 된다. 용기가 없어 지조를 버린 자들이 형이상학적으로 그럴듯하게 내놓은 변명이 있다.

'더 큰 선을 위해 작은 악을 취해야 했다.'

---

* 지조(entereza)는 성실하고 진실하게 확고한 의지가 있는 상태로 기개(氣概)라고도 한다.

용기 있게 지조를 지키면 이런 간사하고 교활한 의도를 훤히 들여다보고 임시변통이나 속임수를 정의를 배신한 것으로 여긴다. 진리가 드러나는 곳에는 언제나 이런 과정이 있다. 영악한 자들의 천적이 바로 지조 있는 이들이다. 기개 있는 사람이 모임에서 떠나는 이유는 그 모임이 진리를 저버렸기 때문이다.

～～ 30 ～～

경솔한 모임에 휩쓸리지 마라

조직이 크면 그 안에 여러 모임이 만들어진다. 그중 경솔한 모임은 멀리해야 한다. 평판은 반복되는 경험으로 이루어지므로 어떤 모임이 경솔해 보인다는 것은 구성원이 그만큼 사려 깊지도, 성실하지도 못하다는 뜻이다. 평판이 나쁜 모임에 휩쓸리는 것처럼 악평을 쉽게 불러오는 일도 없다. 한번 악평이 나서 유행처럼 번졌다면, 그 흐름을 되돌리려면 엄청난 노력이 필요하다. 현명하고 바른 사람도 멋모르고 경솔한 모임에 들어갔다가 철부지라는 이미지가 덧씌워져 조롱받는 일들이 얼마나 많은가.

31

행운은 가까이하고 불운은 멀리하라

어리석으면 자꾸만 불운과 가까워진다. 계속 악행을 저지르는 것도 불운을 불러오는 짓이다. 달리 말하면 현명하되 선행을 베풀어야 행운이 다가온다. 선행을 너무 거창하게 생각하지 마라. 나그네에게 냉수 한 그릇 떠 주는 등 평소 작은 친절이 쌓이면 큰 선행이 된다.

행운이나 불운도 다 같이 전염된다. 특히 불운은 중독성이 더 강하다. 여기에 중독되지 않도록 주의하라. 어리석고 악한 자 대신 현명하고 선한 자를 가까이하라.

인생이라는 게임에서 최고 속임수는 무엇일까? 언제 어떤 카드를 버리느냐는 것이다. 현재 내가 쥐고 있는 트럼프 중 가장 작은 카드가 지난 게임의 에이스보다 더 가치가 있을 때도 있다. 삶에서 이런 비장의 카드는 의심할 여지 없이 행운을 불러오는 사람과 가까이하는 것이다.

～ 32 ～

호평이 곧 특권이다

사람들에게 좋은 인상을 주어라. 굳이 나쁜 인상을 줄 필요가 없다. 그래야 은혜롭다는 평판을 받는다. 좋은 인상을 주는 데는 큰 노력도 필요하지 않다. 어떤 이에게서 호의를 얻는 것은 특권을 얻는 것이다. 그러한 호의가 주변에 퍼지면 은혜로운 사람이라는 소문이 나고, 그런 평판은 은근히 군주와 같은 위엄을 준다. 군주에게 하는 최고의 찬사가 은혜롭다는 말이다.

강한 자가 은혜를 베풀지만 반대로 은혜를 베풀면 실리적인 강자가 된다. 먼저 친절하고, 사랑받기 전에 먼저 사랑하고, 말보다 먼저 손과 발로 좋은 일을 베풀어라. 머지않아 그들이 당신을 먼저 사랑하고 따르게 될 것이다. 호평이 곧 특권이다.

🐟 33 🐟
거절하는 기술

거절해야 하는데 거절하지 못하는 것도 큰 문제지만 거절한다고 해서 무례하게 하면 큰 상처가 남는다. 거절해야 할 때도 어떤 식으로 언제 거절하는지가 중요하다. 그래서 거절에도 기술이 필요하다. 먼저 거절해야 할 때는 물론 부당한 상황이다.

반대하려는 거절, 소란을 피우려는 거절, 약속해놓고 거절하는 것이나 당연한 일에 대한 협조 요구 거절 등은 하면 안 된다. 그런 식의 거절을 자꾸 하면 부정적인 사람으로 인식되어 모두 피하게 된다. 한 사람이 여러 일을 동시에 해내기는 어렵다. 무슨 일을 하든 우선순위가 있어야 하고 거절에도 우선순위가 중요하다.

상대의 인격이 아니라 일의 순서와 방향을 거절하는 것임을 분명히 이해시켜야 한다. 애매한 거절은 부당한 상황을 지속할 여지를 남긴다. 우리 삶을 풍요롭게 하는 원칙이 '예'와 '아니요'를 적절히 배합하는 것이다.

～ 34 ～
장점을 정확히 알아라

내 약점이 무엇인지 아는 일 못지않게 장점을 정확히 아는 것도 중요하다. 어느 정도 비교우위가 있는지 알아야 최대한 활용할 수 있다. 무엇이든 하나가 잘되면 덩달아 둘, 셋, 넷 식으로 번져간다.

공감력, 추진력, 이해력, 판단력, 기억력, 용기, 기획, 관리, 경영, 사교성, 학습력, 운동, 음악 등에서 자기 강점을 정확히 알아야 한다. 그렇게 알아낸 주요 장점을 개발해 부각하면 다른 평범했던 자질까지도 덩달아 돋보이고 단점이 드러날 기회가 줄어들며 위기 극복이나 기회 포착에도 더할 나위 없이 도움이 된다.

자기 단점을 장점으로 지닌 다른 사람만 부러워하다가는 좋은 세월 다 간다. 장점을 개발한다면 당신이 부러워하던 그 사람이 당신을 부러워하게 된다. 중요한 점은 내 장점을 충분히 활용한다면 굳이 다른 사람을 부러워할 필요가 없어진다는 것이다.

～ 35 ～
무엇이 중요한가

비극은 무엇이 더 중요한지를 놓치면서 시작된다. 근시안적인 사람들이 이런 함정에 잘 빠진다. 개념* 정리가 안 되어 쟁기를 두고도 호미질을 하며 시간을 허비한다. 중요한 것을 놓치고 사소한 일에만 매달린다.

개념을 상실했다는 것은 길을 잃은 것과 같아서 큰 문제는 가볍게 보고 작은 문제에만 관심을 쏟아 가야 할 방향과 반대로 가게 된다. 개념 있는 사람이 되려면 먼저 '생각을 훈련해야' 한다. 생각 훈련은 무슨 일이든 먼저 무엇이 중요한지 숙고해보는 것이다. 그때 떠오르는 아이디어 중 무엇이 가장 합리적이고 보편성과 부합하는지 살펴보아야 한다. 보편성이 없는데 합리적으로 보이는 것은 내 착각이거나 잔꾀일 수 있다.

---

* 개념(concepto)은 여러 현상 속의 공통된 요소로 여기서 문학적 콘셉티스모(conceptismo), 은유적 착상, 재치 있는 풍자가 나왔다. 그라시안이 콘셉티스모의 대가였다.

～～ 36 ～～

인생의 흐름을 타라

삶은 흘러간다. 그 흐름을 따라 나가고 물러나야 한다. 그래야 바다라는 더 광활한 세계를 향해 나아갈 수 있다. 흐름이 곧 행운의 여신이다. 일시적 후퇴도 두려워하지 마라. 흐름을 따르는 후퇴는 언제나 이 보 전진을 위한 일 보 후퇴일 뿐이다.

당신은 어떤 식으로 일을 진행하는가?

'흐름을 타고 있다면 잠시 정체하거나 일시 후퇴하는 때도 있지만 크게 걱정할 일이 아니다. 하지만 흐름을 거역하고 있다면 아무리 호황이라도 곧 절벽을 만난다.'

이것은 건강에 대해 히포크라테스가 알려준 것이나 지혜에 대해 세네카가 언급한 것만큼이나 분명하다. 행운의 여신이 잠시 멈추거나 뒤돌아섰다고 걱정하지 마라. 같이 물러서거나 잠시 쉬면 된다. 그러면 머지않아 행운의 여신이 다시 돌아와 매혹적인 미소를 보낼 것이다. 그래서 늘 흐름과 함께 물러가고 나가라는 것이다.

비판을 새겨듣고
어떻게 활용할지 생각하라

누가 비판한다고 대뜸 화부터 내지 마라. 일단 잘 들으며 개선하거나 알맞게 사용할 방법을 연구하라. 이것이 효율적인 인간관계에서 기본이다. 비판은 첫째, 잘되라고 하는 뜻, 둘째, 자기 화풀이, 셋째, 화를 돋우어 반사 이익을 노리는 것, 넷째, 속마음 탐색용 등으로 한다.

부모 자식 사이 또는 사랑하거나 신뢰하고 아끼는 사이에 첫째 비판이 많다. 이런 비판이라도 자주 하면 잔소리가 되고 비비 꼬면 냉소로 들린다. 그래도 비판 내용이 일리가 있다면 받아들여야 한다.

둘째 비판은 애매하게 당하는 경우로, 따끔하게 절제하게 하거나 뜻대로 되지 않으면 관계를 단절해야 한다. 그럴 사이가 아니라면 한쪽 귀로 듣고 한쪽 귀로 흘리는 수밖에 없다.

셋째, 넷째 비판이야말로 빈정거리고 말을 빙빙 돌리

며 함정에 빠뜨리려는 것이다. 특히 교활한 사람이 쳐놓은 그물에 걸리지 않도록 주의해야 한다.

어느 조직에 가든 모함을 잘하는 사람은 있게 마련이다. 그가 어떤 식으로 모함하는지 파악해 대비책을 마련하는 수밖에 없다. 이처럼 미리 방패를 마련해두면 아무리 교활하고 뾰족한 창이라도 어렵지 않게 막아낼 수 있다.

38

박수칠 때 떠나라

태어나 자라고 사라지는 것이 삼라만상의 이치다. 이를 누가 어길 수 있을까. 깔끔한 퇴장은 뛰어난 돌파력만큼이나 멋진 일이다. 정상에 오르는 용기만큼이나 정점에 오른 후 멋지게 후퇴하는 데도 용기가 필요하다. 어느 정상에 올랐든 본인 노력도 있었겠지만 그만큼 행운도 따랐다는 뜻이다.

정상에 올라 계속 머문다고 그 행운이 계속 따른다는 보장도 없고 어떤 변수의 바람이 불어와 미끄러질지도 모른다. 행운의 여신은 누군가를 오래 업고 다니는 것에 싫증 낸다. 그러니 정상에 서게 된다면 당신을 보고 모두가 박수를 보낼 때 떠나라.

⟡ 39 ⟡
열매도 맺히는 때가 있다

씨 뿌리는 때가 있고 싹이 나는 때가 있으며 잎이 나고 꽃이 피고 열매가 맺히는 때가 있다. 아직 싹도 나지 않았는데 열매부터 계산하는 사람이 있다. 그런 계산을 하기 전에 꽃부터 잘 피도록 돌보아야 한다.

일도 마찬가지다. 성숙해질 때를 알고 그 시기를 준비하는 즐거움을 누려라. 그래야 삶의 매 순간, 순간을 즐길 수 있다. 인생의 낙이 무엇인가. 나와 동반자들이 성숙을 향한 길에서 이모저모로 꽃이 피고, 각자에게 맞게 무르익어가는 모습을 느긋하게 지켜보는 즐거움이다.

~ 40 ~
의도만큼은 항상 선하게 가져라

사람이 속뜻과 달리 행동할 때 위악과 위선이라는 두 가지 사례가 있다. 위악은 본심은 착한데 일부러 악동 짓을 하는 것이고 위선은 악한 본심을 감추고 겉으로만 착한 척하는 것이다. 고등 사기꾼일수록 엉큼하게 사교술도 뛰어나다. 그의 언변과 매너만 보면 천사가 따로 없다. 왜 그렇게 포장할까. 세상에 악인을 좋아하는 사람은 없기 때문이다.

실체가 추한 만큼 포장을 더 그럴듯하게 해야 사람들을 현혹할 수 있다. 농사꾼이나 노동자와 브로커들의 의복과 매너를 비교해보라. 그러나 속마음은 아무리 포장해도 생각지도 못하는 사이에 튀어나온다. 사람이 겉을 보고 속을 보지 못한다고 하지만 여러 번 경험하다 보면 대부분 속내가 드러나게 되어 있다.

몇 사람을 평생 속일 수도 있겠지만 모든 사람을 영원히 속일 수는 없다. 악한 의도를 사교술로 포장하는 것도 결국 이익 때문이다. 하지만 이익도 장기적으로 보면 선한 의도를 품은 사람에게 더 유리하다.

선한 의도에서 나오는 정중함과 매너가 자연스럽다면 악한 의도를 감추려고 나오는 정중함과 매너는 뭔가 부자연스럽다. 당장 사람들이 선한 의도를 몰라주어도 시간이 흐르면 선한 의도가 여기저기서 배어 나온다. 그런 천진한 웃음, 표정, 몸짓이야말로 사람을 끌어당기는 자석이다.

41
지나친 과장은 금물

결코 자신을 과장하지 마라. 지나치게 과장하는 것이 자아를 작게 만든다. 사람이란 누구나 어떤 일에 뛰어나면 다른 일은 잘 못하고, 어떤 일은 못해도 또 잘하는 일이 있기 마련이다.

그런데도 어떤 일에서 자신을 과장하기 시작하면 자기 지식이나 역량, 취향 등 모든 것이 저급하다는 사실을 스스로에게 되새기며 자신을 더 비열하게 만든다. 자신을 과장해 우선 사람들의 기대를 끌 수도 있고 칭찬을 받을 수도 있다. 그러나 곧 들통난다. 과장은 실체도 아닌 데다가 자기 장점을 희석하고, 자기 장점이 아닌 것으로 타인의 기대를 더 만족시켜야 하기 때문이다.

그러면 과장해서 높이 평가를 받았던 것보다 더 저평가를 받게 된다. 과장하지 않아야 자신의 진면목을 갈고닦으며 길이길이 빛낼 수 있다.

～ 42 ～
리더십도 자연스럽게
자신과 맞아야 한다

사람 사이에 영향을 미치는 것이 리더십인데, 어떤 리더십이든 본인에게 자연스러워야 한다. 그래야 주변에도 어색하지 않게 작동한다. 인간의 내면에 태곳적부터 내려온 집단 무의식과 개인적 경험 위주의 개인 무의식이 담겨 있다. 타고난 리더십이나 탁월성 등이 발현되는 것은 집단 무의식중 어떤 부분이 강력하게 자극받는다는 것이다. 이것이 개인적 후광이며 곧 아우라다. 내면의 어떤 가치가 모여 자신만의 독특한 분위기를 만드는 것이다.

생태계를 보면 쉽게 이해할 수 있다. 나무와 곡물, 풀이 있으며, 사자와 양, 늑대와 이리, 소와 말 등이 골고루 있다. 모두 천부적으로 독특한 기질이 있다. 진화과정에서 보존과 번영에 적합한 균형을 갖추게 된 것이다.

사람도 물론 자연의 일부다. 만약에 자연이 사자가

위엄이 있다며 사자만 번식하게 놓아둔다면 사자도 존립할 수 없다. 그래서 자연이 스스로 균형을 잡는 기능이 작동한다. 마찬가지로 사회가 개인의 기질을 무시하고 획일화된 재능만 중점적으로 보상한다면 더 번영하기는 어렵다. 사회가 자연스러운 소질이 피어나도록 조장해야 안정된다. 어떤 사람의 리더십이 훌륭하다고 무조건 좇지 말고 자신에게 맞는 리더십을 발휘하라.

～ 43 ～

관점은 독특하게, 표출은 대중적으로

남들과 똑같은 생각과 똑같은 노력만으로는 남들 이상이 될 수 없다. 남들이 못 보는 것을 보아야 하고 누가 미처 생각지 못했던 것을 생각해야 자신만의 독특한 관점으로 우월해진다. 독특한 관점은 대중이 수용할 만해야 한다. 그렇지 않으면 대중은 독특한 관점이 자신들을 비난하고 위협한다고 느낀다.

새로운 진실은 언제든 소수만이 먼저 알아본다. 생각은 강요로 되는 것이 아니라 이해로 된다. 대중심리는 더욱 그렇다. 먼저 자기 관점을 이해하는 소수를 만들고, 동심원처럼 차츰차츰 키워가야 한다. 그런 일도 침묵의 성전에서 적합한 사람들에게 가끔 해나가야 한다.

하나의 모임에서 어떤 견해가 3% 정도만 되어도 유지되지만 확장되려면 5~10%는 되어야 한다. 그 정도라면 대중이 뉴노멀을 찾는다는 증거다. 그때까지는 '생각은 독특하게, 표현은 좀 더 대중적으로' 해야 한다.

44

사람들을 독해하라

위대한 영웅들과 공감해보라. 그들의 생애를 읽고 어떤 과제를 어떻게 해결했는지를 찬찬히 살펴보라. 특히 온갖 어려움을 이겨내고 위대한 업적을 남긴 위인들의 발자취는 그 자체만으로도 신비로운 응용력을 준다. 위인들과 우리는 같은 인간이라는 본래적 공감성과 자연스러운 친화성이 있다. 그 때문에 천박하고 무지했더라도 마법처럼 위인들에게 공감하며 위인들과 같은 숭고한 정신을 갖게 되는 것이다. 거기서 나오는 친화감은 마법의 향기와 같아서 대중의 호의를 얻게 된다.

〜 45 〜
재치있게 하되 마구 써먹지는 마라

살다 보면 임기응변이 요긴할 때가 많다. 먼저 급한 대로 대책을 세워야 다음 일도 할 수 있다. 순간의 위기를 재치로 넘기지 못해 더 큰 어려움에 빠지는 경우가 많다. 그럼에도 재치는 아주 급할 때 가끔 써먹어야지 근본적 대책은 아니다. 무슨 일이나 재치를 계속 써먹으려면 꼼수에 능해져 크고 장기적인 성과를 끌어내기 어렵다.

꼼수가 연속되면 함께하는 사람들도 게을러진다. 그뿐 아니라 잔머리 대왕이라며 불신까지 하게 되어 이솝 우화의 양치기 목동 같은 취급을 받는다. 따라서 임기응변을 기르되 전제 조건이 있다. 거시적 안목에서 돌발적인 상황일 때만 사용하고 일상에서 마구 써먹지는 말아야 한다.

～ 46 ～
반감을 품기보다는 공감을 하라

경쟁이 심할수록 불특정 다수끼리도 반감을 품기 쉽다. 그러한 반감이 때로는 정당하게 노력하여 성공한 사람들에게까지 향하기도 한다. 하지만 이런 마땅하지 않은 반감을 자꾸 품다 보면 노력하는 과정도 무시하게 되어 자신마저 그런 노력을 기울일 생각을 하지 못하게 된다.

누구든 이유 없이, 잘 알지도 못하면서 혐오하는 것은 성장에 방해가 될 뿐이다. 나보다 더 나은 사람이라 하여 무조건 존경할 필요는 없지만 무조건 증오할 필요도 없다. 무조건적 혐오는 자신을 타락하게 만든다. 어떤 성취에 반감을 품는 대신 성취과정에 공감해보라. 거기서 그와 같은 성취를 이루고자 하는 도전의식이 자라난다.

쓸데없이 명예훼손에 얽이지 마라

모든 일에서 양극단을 피하라. 인생길을 한쪽으로 치우쳐 걷지 말고 가운데로 걸어가라. 누가 무슨 말을 했다고 해서 금세 휩쓸리면 안 된다. 귀가 얇은 사람이 남의 말을 반복해서 앵무새처럼 떠든다. 나와 상관도 없는 사람 이야기를 마치 내 일처럼 호들갑 떨다가 명예훼손에 얽이기 쉽다. 이런 사람들은 귀가 얇은 데다가 나서기까지 좋아하는 특징이 있다.

하나의 명예는 또 다른 명예와 연결되어 있다. 역시 하나의 불명예도 또 다른 불명예와 연결된다. 이성의 빛을 따라 걷는 자들은 쉽사리 풍문에 부화뇌동하여 앵무새 노릇을 하지 않는다. 그래야 다른 사람이 아니라 늘 자기 자신으로 살아갈 수 있다.

⟶ 48 ⟵
실속이 있어야 한다

사람이 겉보기만 그럴듯하고 내실이 없다면? 다 쓰러져가는 오두막집은 그대로 놓아둔 채 대문만 궁궐처럼 화려하게 만들어놓는 것과 같다. 시실리안의 낚싯바늘도 딱 보면 날카롭게 느껴져 물고기를 잘 낚겠다고 좋아했다가 한두 번 사용해보고는 금세 무뎌지는 바람에 고개를 흔든다.

내면이 비어 있어도 겉멋이 있으면 사람들과 잘 사귈 수는 있지만 만나면 만날수록 지루해져 오래가지 못한다. 내면이 적어도 외부와 같거나 오히려 더 가치가 있어야 한다. 그래야 사귀면 사귈수록 깊은 맛이 난다. 당신은 외부를 꾸미는 시간과 내면을 단장하는 시간 중 어느 쪽이 더 긴가. 실속 있는 삶을 살려면 외부를 꾸미는 시간을 줄이고 내면을 단장하는 시간을 더 늘려라.

～ 49 ～
본질을 보고 판단하라

우리는 서로 어느 정도까지 알 수 있을까? 서로 식별하려고 이름, 나이, 고향, 직업, 학벌, 직위 등을 내세운다. 하지만 과연 그것만으로 다 알 수 있을까? 오히려 그런 간판이 그 사람의 본질을 덮는 것은 아닐까?

사람의 본질은 결국 그 내면*이다. 그 무엇으로도 다 들여다볼 수 없기 때문이다. 평생 겪고도 모를 수 있는 것이 사람 마음이다. 남의 마음은커녕 내 마음도 모를 때가 많지 않은가. 대제국의 건국자 중에도 적이 아니라 측근 중의 측근에게 배반당한 경우가 너무 많다. 그만큼 사람 속은 알기도 어렵지만 수시로 변하기도 한다.

마음은 경험의 집적이 만들어낸 지도다. 이 지도를 보려면 먼저 그의 습성을 관찰한 뒤 음색과 눈빛, 행적 등으로 보완해야 탁월한 내면의 관상학자가 될 수 있다.

---

* 내면(interioridad)은 본성, 캐릭터 등 본질적인 것을 말한다.

～ 50 ～
너 자신을 존중하라

어떤 경우에도 자존감을 잃지 마라. 누가 뭐래도, 어떤 일을 만나도 자신을 귀히 여겨라. 자존감은 자기와 친밀해지는 데서 시작된다. 자존감을 지키려면 자신에 대한 평가를 외부에 의존하지 마라. 자기에게 정직하고 공정하면 그것으로 자기 존중의 가치는 충분하다. 그 가치가 얼마나 가는지 아는가. 로마 시대 최고 지성 세네카를 개인 과외 선생으로 두는 것보다 더 값이 나간다.

2장

언제나
시작보다 마무리를
좋게 하라

인생이란 선택이 모인 것이다

인생은 선택이니 무엇보다 선택을 잘해야 한다. 결혼, 출산, 취업처럼 큰 선택도 있고 취미, 생활방식, 음식, 친구 등 작은 선택도 있다. 큰 선택만 중요한 것이 아니다. 매일의 작은 선택이 모여 큰 선택을 해야 할 때 방향을 정하는 데 영향을 미친다.

무엇을 먹을까. 언제 자고 언제 일어날까. 누구와 만날까. 취미생활을 무엇으로 할까. 어떤 음악을 들을까 등 당장 삶에 큰 영향을 주지 않는 일상의 선택이 모여 기질의 형태를 결정한다. 인간의 뇌는 에너지가 많이 드는 깊은 생각보다 일시적이고 자극적인 것을 좋아한다. 그래서 대충, 당장 편리한 대로만 선택해 버리면 판단력이 점점 더 흐려진다. 되도록 짧고 자극적인 것보다 호흡이 긴 장르물 등을 보며 깊이 생각하는 힘을 길러야 한다. 거기서 통찰력과 정확한 판단력이 나온다. 그래야 인생의 중요한 순간마다 꼭 필요한 선택을 할 수 있다.

언제나 평정심을 잃지 마라

결코 이성을 잃지 마라. 어떤 경우에도 평정심으로 대응해야 한다는 말이다. 당황스러워도 차분해져야 한다. 쓰레기 더미가 쌓여 있을수록 물을 뿌리며 먼지를 가라앉혀야 빨리 치울 수 있다.

누가 위기를 잘 극복하는가? 위기 앞에 이성을 잃고 크게 화를 내는 사람은 헤어 나오기 어렵다. 위기를 만나면 더 냉정해지는 이들이 있다. 그들이야말로 위기를 기회의 발판으로 삼아 도약한다. 사람인지라 한 번씩 크게 화를 낼 수도 있다. 주의를 환기하고 긴장감을 불어넣으려면 화를 내는 것이 필요할 때도 있다.

그렇더라도 큰 화는 영혼의 유머 정도에서 멈춰야지 지나치면 분별력을 잃는다. 특히 큰 화가 입으로 마구 흘러나와 온갖 악다구니로 표현되면, 힘써 쌓아온 평판이 타격을 많이 받는다. 상황이 유리하든 불리하든 언제나 스스로 자기감정의 주인 노릇을 해야 한다.

53
천천히 서둘러라

끈기 있게 근면하면 잠재했던 지능이나 쌓아둔 지성이 서서히 그러나 분명히 드러나기 시작한다. 지성은 근면 없이 유지되거나 성장하지 못하지만 그렇다고 성급하게 이루려고 하면 더 실망하게 된다. 또 한 번 지성을 갖추었다고 해서 자만하면 근면하기가 귀찮아져 다시 무식하게 된다. 그래서 지성은 언제나 근면과 함께한다.

지성이 생각하는 것을 실행해나가는 힘이 곧 근면이다. 꾸준히 근면한 사람만이 선견지명의 지성을 갖출 수 있다. 그래서 로마의 황제들은 이런 모토로 세계를 다스렸다.

'천천히 서둘러라Festina lente.'

∽ 54 ∽
용기가 있어야만

사자도 용기가 없으면 여우가 가지고 노는 것처럼 누구든 용기가 없으면 조롱의 과녁이 된다. 우리 몸이 활발하려면 에너지가 있어야 하듯 정신도 활기를 띠려면 용기가 있어야 한다. 사람이 한두 번 비겁해지다 보면 습관처럼 비굴해지기 쉽다.

용기도 그렇다. 한 번, 두 번 내기 시작하면 용기에 여러 유익이 따른다는 것을 알게 된다. 만용을 부리라는 말이 아니다. 비도덕적이고 충동적인 것이 만용이라면 용기는 합리적이다. 용기는 인격을 지키는 무기가 되지만 만용은 자신과 타인에게 상처를 주기 쉽다. 언제나 육체의 힘을 정신적 용기가 뛰어넘는다. 재주가 많으면서도 정신적으로 나약해 평생을 우물쭈물하다가 마친 사람이 많다. 꿀벌은 날카로운 침이 있어서 꿀을 모으는 것이다.

너 자신을 먼저 다스려라

자신을 다스리려면 먼저 인내를 배워야 한다. 기다림과 함께 상속되는 고매한 성품은 서두르거나 격정에 빠지지 않는다. 그러니 무엇이든 성숙할 때까지 기다려라. 그래야 자기 자신의 주인이 될 수 있다. 그러면 다른 사람들이 따를 테고 많은 것을 지배하게 될 것이다.

기회의 정수를 잡으려면 그 전에 자신을 준비하는 시간이 많이 있어야 한다. 그 시간과 함께 지혜가 쌓이고 기회를 잡는 기술이 숙성된다. 인내의 시간이라는 무기는 헤라클레스의 쇠몽치보다 더 강하다. 스페인 왕실에서는 왕자들에게 이런 경구를 들려준다.

'오늘의 나와 지금 이 시간이 동반자가 되어 다가오는 시간의 또 다른 나와 경주하고 있다.'

～ 56 ～

아이들처럼 해맑게, 그래야 직관의 힘이 있다

늘 태연자약하라, 아이들처럼. 아이들은 비교할 줄 모른다. 그래서 마음에 여유가 있고 이 순간에 집중할 수 있다. 아이들은 교육을 받으면서부터 비교하기 시작하고 마음에 여유도 사라져 결국 고뇌하게 된다. 그럼에도 아이들은 누구와 어디서 놀든 직관으로 반응하기에 해맑을 수 있다.

많은 사람이 고뇌만 하다가 기회를 놓친다. 그렇게 놓친 순간은 다시 오지 않는다. 예기치 않게 큰 성공을 거둔 사람을 보면 순발력 있게 움직였다. 이것이 아리스토텔레스가 말한 안티페리스타시스* 법칙으로 위기의 순간에 번뜩이는 직관의 힘이다. 순간적 판단력에 신속하고 빈틈없이 행동하는 대단한 능력은 아이들처럼 해맑을 때 잘 나타난다.

---

* 안티페리스타시스(Antiperistasis)는 하나의 특성이 극단적일수록 상반되는 특성을 높여준다는 철학 용어다.

～ 57 ～

달구어졌을 때 두드린다

무슨 일이든 할 때 확실히 해둬야 다음에 두 번 일하지 않는다. 제때 신속하게 그러나 완벽하게 마무리해야 그 일이 성공으로 남는다. 설렁설렁 한 일은 다시 하려면 힘이 배로 든다. 대충 넘기는 습관을 들이면 경박해진다. 마무리가 완벽한 것만이 가치 있고 영원하다. 싸구려 금속보다 귀금속이 훨씬 더 무겁지만 이런 귀금속도 정교하게 다듬어야 가치가 있다.

～ 58 ～
능력을 상황만큼만 내보여라

필요 이상의 힘을 낭비하지 마라. 모두에게든 어떤 일이든 막론하고 내 역량 전부를 동원할 필요가 없다. 유능한 매사냥꾼을 보라. 새를 잡을 때 필요한 만큼만 잡고 매를 날려 보낸다. 닭 잡는 데 소 잡는 칼을 쓸 필요가 없고 나뭇가지 하나 꺾는 데 톱은 거추장스럽다. 과도한 역량 동원은 자기 낭비다. 경우와 상황에 따라 맞춤식 능력만큼만 보여주는 것이 신선감과 기대감을 유지하는 하나의 방법이다.

시작보다는 마무리가 더 좋아야 한다

무슨 일을 하든 시작할 때는 끝을 생각해보는 습관을 들여라. 시작이 좋고 끝도 좋으면 좋겠지만, 출발은 좋은데 끝이 안 좋은 것보다는 출발이 힘겨워도 끝이 좋은 것이 더 낫다. 사실 시작은 힘들었지만 결과가 좋으면 그보다 더 큰 보람은 없다.

입장할 때 박수갈채는 그다지 중요하지 않다. 이제 시작인데 거기에 취하면 안 된다. 그런 갈채는 누구나 받을 수 있다. 어떻게 잘해야 막을 내릴 때 우아하게 퇴장할지를 염두에 두어야 한다. 하루도 시작이 중요하지만 마무리를 더 잘해야 한다.

직장도 가정도 친구관계도 더 넓게는 인생 자체가 다 그렇다. 신입보다 퇴사할 때, 만날 때보다 헤어질 때 경멸받지 않고 처음 환영받았던 만큼 환송을 받도록 해야 한다. 언제나 진입전략보다 출구전략이 더 중요하다.

매사를 공정하게, 또 공정하게

공정도 습관이고 불공정도 습관이다. 바늘 도둑이 소 도둑 된다. 재능도 탁월하고 성실하기도 해서 성공가도 를 달리던 사람이 낙마하는 이유는 공정성이 부족하기 때문이다. 자신의 재능과 성실을 공정하게 사용하지 않 은 것이다. 공정성은 조직의 안정과 화합에 필수적이다.

공정이 자꾸 깨지면 그 조직도 결국 깨진다. 재능은 타고나는 경우가 많지만 공정성은 여러 경험으로 다양 한 상황을 살펴보며 숙달해야 한다. 변덕스러우면 공정 하기가 어렵다. 공정은 합리적 행위로 감정에 따르는 것 이 아니다. 개인감정에 따라 결정하는 사람은 공적조직 의 운전대를 잡으면 안 된다.

자신만의 탁월성을 갖춰라

모든 면에서 다 탁월할 필요는 없다. 작은 것도 좋으니 내가 잘할 수 있는 탁월성을 추구하라. 아무리 뛰어난 장치도 나사 하나가 없어서 제 기능을 못하기도 한다. 어느 분야에서든 필수 존재가 되라는 것이다. 그것이 곧 자기만의 탁월성이다. 탁월성은 일반적인 유명함보다는 희귀성에서 가치가 있다.

세상은 다양한 일이 맞물려 유지된다. 세상의 시각으로 하찮은 일이든 귀한 일이든 그중 나만이 해낼 수 있다면 그것이 곧 탁월성이다.

최적의 도구를 활용하라

좋은 말을 타면 한 시간이면 갈 거리를 걸어가면 쉬지 않고 가도 하루 이상 걸린다. 말이 잘 달리는 바람에 왕명을 제때에 전달하면 그 보상은 말이 아니라 말을 탄 신하가 받는다. 아무리 열심히 해도 도구가 좋지 않아 성과가 없으면 비난은 도구가 아니라 그 도구를 사용한 이가 받는다. 그러니 최적의 도구를 동원하고 조력자 역시 잘 선택하라.

모든 공적 영광은 조력자를 잘 활용한 사람이 누린다. 명성의 여신 파마*는 늘 '이 신하는 나쁜 놈, 저 신하는 착한 놈'이라 하지 않고 '이 신하는 이런 데 쓸모가 있고 저 신하는 저런 데 쓸모가 있다'고 했다.

---

* 로마 신화에서 파마(Fama)는 소문(fame)이나 명성을 인격화한 여신으로 그리스 신화에서는 페메(Pheme)라고 한다.

63

사람들은 나중에 더 나은 것보다
맨 처음 것을 더 기억한다

히말라야에 처음 오른 사람은 기억해도 나중에 더 빨리 올라간 사람은 잘 기억하지 않는다. 이것이 선점효과다. 무엇이든 먼저 시작하라. 그러면 최초라는 명예가 따른다. 여기에 탁월하기까지 하면 명성도 얻는다.

사람들은 누구도 생각하지 못한 분야를 먼저 해낸 사람은 봉황처럼 여기고 벌떼처럼 따라 하지만 그중 누구도 봉황은커녕 앵무새 이상 될 수 없다.

같은 조건에서 모두가 처음 해야 하는 일이라면 먼저 시작하는 것이 훨씬 유리하다. 그러나 남들이 이미 결실을 차지한 것이라면 그대로 답습하기보다 더 참신한 방식을 찾아보라.

✎ 64 ✎
가십거리가 되지 마라

가십을 즐기되 가십거리가 되지는 마라. 특히 피해야 할 일은 추문과 엮이는 것이다. 사상이나 양심과 관련된 가십은 강직한 인상이라도 주지만 추문과 엮이면 잡범과 같은 인상을 남긴다. 더구나 가십으로만 사람들을 대해 버릇하면 독이 없이 하루도 살지 못하는 미트리다테스*처럼 모든 일을 가십으로만 넘어가려 한다.

가십을 즐길 때도 재치가 있어야지 시도 때도 없이 떠들면 실없는 사람이 된다. 기본적으로 진지해야 한다. 그리고 나서 분위기가 딱딱해지지 않도록 가십이라는 양념을 뿌려야 한다.

---

* 미트리다테스(Mithridates, 기원전 135~기원전 63)는 폰투스의 왕으로 독살에 대비해 각종 내성을 기르려고 매일 조금씩 독을 먹는 습관을 들였다.

～ 65 ～
기왕이면 고상한 취향을 들여라

지성을 쌓는 것만큼이나 좋은 취향을 들여야 한다. 역량이 좋아 성공은 했다 해도 취향이 나쁘면 끝까지 가기가 어렵다. 역량이 조금 부족해도 취향이 좋으면 덩달아 역량도 증가할 수밖에 없는 것이 좋은 취향은 곧 지혜와 직결되기 때문이다.

수시로 자신의 취향 중 불필요하고 소모적이며 퇴폐적인 취향과 필요하고 창조적이며 진취적인 취향을 분간해내라. 그만큼 삶의 보람이 커진다. 큰 물고기를 낚으려면 큰 낚싯바늘이 필요하듯이 고상한 일에는 언제나 고상한 취향이 필요하다.

좋은 취향을 들이려면 좋은 취미가 있는 사람들과 어울려라. 그러다 보면 차츰 그런 취미에 물들며 지금보다 더 우아한 취향을 갖게 된다.

~~ 66 ~~
수단은 목표에 맞춰야 한다

전체와 부분, 과정과 마지막을 함께 볼 수 있어야 한다. 늘 미래를 보되 그리로 향하는 바로 앞을 놓쳐서는 안 된다. 물론 현장에 파묻혀 목표를 놓쳐서도 안 된다.

오늘에 충실해도 방향이 잘못되면 번지수를 잘못 짚는다. 엉뚱한 노력은 기울일수록 인생을 소모하게 되고 어떤 변명도 통하지 않게 된다. 원래 패자의 말은 어떤 것도 변명이 되고 승자는 어떤 설명도 필요하지 않다. 목표를 달성하면 아무것도 잃지 않는다. 좋은 결과가 그동안의 과정에 금칠을 해준다.

～ 67 ～

내게 보람 있고 존중받는 일을 하라

봄의 신 제피로스가 남풍을 불 때 꽃이 피듯이 어떤 재능이든 사람들의 호감을 살 때 그 진가를 드러낼 수 있다. 보편적 존중은 보편상식에서 온다. 보편상식에 어긋나고 특수계층의 이익에만 봉사하는 일을 하면 신뢰를 받지 못한다. 이런 경우 악명은 얻어도 명성은 얻지 못한다. 큰 부자가 되었어도 존중받지 못하는 직업이 있다. 카르텔을 형성해 대중을 압박하고 속이는 것이다.

이런 카르텔에 들어가면 그 사람도 보편적 양식이 마비되며, 양가죽을 걸친 늑대 취급을 받는다. 그래도 일단 권력과 돈이 있으니 부러움을 산다. 하지만 존경은 받지 못한다. 존경 없는 부러움은 곧 질시로 나타난다.

아라곤의 왕들이 위대한 명성을 누리는 것도, 자신들이 전쟁터에서 앞장서 싸운 전사들이었기 때문이다. 보편이익과 보편존중은 호흡과 생명의 관계처럼 밀접하다. 보람도 있고 보편이익에도 맞아떨어지는 일을 하라.

∿ 68 ∿
기억력에 이해력을 보완하라

기억도 중요하지만 왜곡될 수 있으니 그 기억을 하게 된 계기와 방식을 이해하려고 해야 한다. 기억은 수집이지만 이해는 통찰이다. 다시 말해 자극받은 것에 대한 회상이 기억이며 이 회상에 주의를 기울이는 것이 이해다.

많은 사람이 거두절미하는 것은 기억에만 의존하기 때문이다. 기억을 이해하려고 시도하면 충동이나 비탄 또는 호들갑 등 격정을 잠재울 수 있다. 그래야 무조건 '아니요'라고 하기 전에 '예'의 근거를 살피고, 대뜸 '예'라고 하기 전에 '아니요'의 근거는 없는지 통찰할 수 있다.

〜 69 〜
저열한 자극에 반응하지 마라

여우하고는 살아도 말 없는 황소하고는 못 산다고
한다. 그만큼 인간관계에서는 반응이 중요하다. 하지만
악의를 품은 자극은 다르다. 여기에 반응하다 보면 상
대에게 말려든다. 그럴 때는 짧고 강하게 한마디로 거절
하고 더 반응하지 말아야 한다.

악의적 자극은 저열하고 비열해서 긍정이든 부정이
든 자꾸 반응하면 그 반응 때문에 처세에 혼란이 일어
나 성찰을 어렵게 한다. 지혜는 성찰에서 나온다. 성찰
로 저속한 자극을 물리치는 것이 자기계발의 시작이다.

70
거절에도 때가 있다

앞에서 거절의 기술을 살펴보았다. 거절의 기술 못지 않게 중요한 것이 거절 시기다. 시기가 내용을 규정한 다. 특히 거절은 아무 때나 마구 하면 쇠귀에 경 읽기처 럼 의미가 없어진다. 상대가 격분할 때는 피했다가 화가 가라앉은 뒤 상호 장기적 관점에서 거절 이유를 분명히 밝혀야 한다.

감당할 수 없는 부탁이면 곧 거절해야 한다. 인정이나 체면 또는 자존심 때문에 차마 거절을 못 하면 시간이 흐를수록 부담이 커진다. 정말 자신을 사랑한다면 스스 로 감당할 수 있는 것만 받아들이는 게 당연하다. 필요 한 거절을 제때 잘하는 사람이 필요할 때 수용도 제때 잘한다. 때에 맞춰 거절하는 것이야말로 더 큰 실책을 막고 새로운 미래로 가는 황금열쇠다.

71

오락가락하지 마라

적이 아닌 동료에게는 예측 가능한 사람이 되어야 한다. 일관성이 있어야 한다. 연장선에서 비약은 좋지만 방향이 갑자기 바뀐다거나 오락가락하면 신뢰를 잃는다. 한 사람이 같은 입으로 어제는 흰색이라고 했다가 오늘은 검은색이라고 하거나 어제는 수긍했다가 오늘은 부인하는 행태를 보이면 찾아왔던 행운도 바람처럼 날아간다. 한 입으로 두말하지 말자. 혹시 두말해야 할 상황이 될 것 같으면 차라리 처음부터 침묵해라.

결단했으면 단호하게 움직여라

아무 일도 하지 않으면 아무 일도 일어나지 않을뿐더러 금쪽같은 시간만 흘러가 버린다.

무슨 일이든 해야 성공도 하고 실패도 한다. 성공할 의지만 강하다면 실패만큼 좋은 스승이 없다. 실패한 만큼 앞으로 실패할 확률이 줄어들고 정상에 그만큼 더 가까이 간다.

결단을 오늘내일 미루면 좋은 기회가 와도 다 흐지부지된다. 기회의 신 카이로스는 앞머리만 무성하고 뒷머리가 없다. 앞에서 잡지 못하면 순식간에 날아간다. 모든 행운에는 무르익는 때가 있으니, 아무리 절호의 기회라도 결단을 내려 움켜잡는 사람 것이 된다.

～ 73 ～

빠져나오는 법을 알아두라

세상 사는 방식에 돌파와 후퇴만 있는 것이 아니다. 우회하는 법도 있다. 진흙탕처럼 진퇴양난일 때는 빠져 나와야 한다. 그리스 신화에 미궁이 있다. 사람 몸에 소머리가 달린 괴물 미노타우로스가 갇혀 있던 곳이다. 테세우스가 미궁에 아리아네드의 실을 풀어놓고 들어가 괴물을 처치하고 실을 감으며 나올 수 있었다. 주도면밀한 속임수를 써먹은 코르테스*를 보라. 그가 군대의 움직임을 얼마나 은밀하게 하면서도 변화무쌍하게 하였던가. 적에게 아군을 파악하지 못하게 하는 것보다 더 적을 초조하게 만드는 것은 없다.

우리는 살아가는 과정에서 여러 미궁을 만난다. 그럴 때면 아리아네드의 실을 준비하자. 어느 때 빠져나와야 할지 잘 생각해야 한다. 내가 참여한 조직이 방향을 완

---

* 코르테스(Cortés)는 스페인의 후작이다. 겨우 배 11척과 병사 508명으로 1532년 멕시코에 있던 500만 인구의 아즈텍 제국을 정복했다.

전히 잃었을 때도 빠져나와야 하고, 주제를 한참 벗어난 협상 등에서도 머뭇거리지 말고 빠져나와야 한다. 그 밖에 심각한 상황이라면 잘 모르는 척 가볍게 미소 지으며 나와야 하고, 잘 아는 사람이라도 자꾸만 엉뚱한 일에 얽어매려 하면 그 일에 문외한인 것처럼 하며 우아하게 빠져나와야 한다.

곤란한 부탁을 받았을 때도 다른 이야기를 하며 정중하게 거절해야 한다. 원치 않는 주제로 이야기할 때는 순진한 척하며 화제를 다른 데로 돌리면 된다.

～ 74 ～
폭넓게 사귀어라

세상은 넓어 할 일도 많고 사람도 많다. 무엇이든 하려고 하면 먼저 알아야 한다. 알려고 하면 경험만큼 좋은 스승이 없다. 사람은 자기가 경험한 만큼만 안다. 경험의 구성요소에 오감은 물론 상상력도 있다. 상상력은 경험으로 현실성을 검증받는다. 검증받지 못한 상상력은 늘 공상에 머문다. 그래서 최고의 장사꾼도 시장에서 탄생한다.

사람을 알고 싶으면 사람을 만나야 하고, 어떤 분야를 알고 싶으면 그 분야로 들어가야 한다. 더 많은 사람과 웃고 울고 떠들고 부딪치다 보면 이런 사람은 이렇게, 저런 사람은 저렇게 대해야겠다는 느낌이 온다. 사람을 망가뜨리는 최악의 형벌은 사회적 교류를 단절하는 것이다. 이런 형벌을 자신에게 부과하는 사람이 있다면 그는 자신에게 엄청나게 어리석은 짓을 하는 것이다.

앞선 자를 본받되 넘어서라

모방 없는 창조가 어디 있겠는가. 거인의 것이든 자연에서 따오든, 어떤 것에서든 모티브가 있다. 모방은 그대로 베끼는 것이고 창조는 기존 모티브를 다른 관점으로 응용하는 것이다. 거인들의 아이디어에는 명성에 어울릴 만한 동물적인 텍스트가 있다. 이것을 배우되 경쟁해야지 흉내에 그쳐서는 안 된다.

거인을 배워도 흉내에 그치지 말고 넘어서야 한다. 제자가 스승보다 뛰어나다는 청출어람青出於藍하라는 말이다. 알렉산드로스는 그리스 신화의 영웅 아킬레우스가 자기 조상이라고 슬퍼하며 무덤을 찾아다녔다. 하지만 그 눈물은 아킬레우스 때문이 아니라 아직 미미했던 자신의 명성 때문에 흘렸다.

～～ 76 ～～

가벼이 처신하지 마라

누구에게나 친절하고 편하게 대해야 하는 것은 맞다. 그렇다고 아무나 나를 함부로 대하도록 해서는 안 된다. 자신을 그렇게 그대로 두면 인격이 없는 물건 취급을 당한다. 인격은 사고와 감정과 의지다. 인간관계는 인격과 인격의 교류이지 한 인격이 다른 인격을 물건처럼 취급하는 것이 아니다.

그것은 '나와 너'의 만남이 아니라 '나와 그것'의 접속이 된다. 나와 너의 만남이 오래가는 것이지 나와 그것의 만남은 용도가 끝나면 버려진다. 독재자 기질인 사람은 늘 나만 있고 다른 모두를 그것으로만 대하려 한다. 노예 기질인 사람이 독재자 기질인 사람을 만나면 실컷 이용당하다가 버림받는다.

결국 두 기질 모두 가학증과 피학증의 삶을 사는 것으로 인격과 인격의 교류가 주는 삶의 가치와 보람을 누리지 못한다. 이런 식의 삶이 처음에는 나와 가족을 제외한 타인을 대상으로 진행되다가 결국 가족과 자신에게까지 이어진다. 타인을 물건 취급하다가 가족도, 자신까지도 물건 취급을 하게 되는 것이다. 내 인격이 귀하듯 남의 인격도 귀하다. 사람들을 편하게 대하되 네가 아닌 그것으로까지 대우하지 않도록 가볍게 처신하지 말아야 한다.

77

누구에게나 어디서나
적응은 할 수 있어야 한다

세상도 사람도 천차만별이다. 이런 여건에서 살려면 어디서나 누구와도 적응할 정도의 여지는 있어야 한다. 어디 가도 잘 자고 잘 먹을 수 있어야 하고 누굴 만나도 잘 지낼 수 있어야 한다. 세상이나 사람의 천차만별은 틀린 것이 아니라 그저 다른 것에 지나지 않는다.

예지 능력을 지닌 프로메테우스를 보라. 그 능력이 어디서 왔을까? 프로메테우스는 성자와 있으면 성자처럼, 학자와 있으면 학자처럼, 귀족에게는 귀족처럼, 평민에게는 평민처럼 행동했다. 이런 적응력으로 호응을 얻었으며 호응이 많이 모여 프로메테우스가 대세가 될 수 있었다.

대세가 형성되면 대중을 조종할 힘을 지니게 되고, 그 힘으로 미래를 예지하고 창조해낸다. 그래서 프로메테우스는 인간을 창조하고 선물로 불까지 줄 수 있었다.

～ 78 ～
대담하되 무모하지는 마라

대담하면 얻는 것이 많지만 무모하면 잃는 것이 더 많다. 사람이 어리석어지면 무모해져서 견고한 성문을 향해 빈손으로 돌진하듯 마구잡이로 달려든다. 결과도 생각하지 않고 준비도 없이 불에 뛰어드는 불나방처럼 행동한다. 무지하면 무모하지만, 현명하면 대담해진다. 그만큼 미리 준비하고 면밀한 대책을 세워두었기에 당차게 실행하는 것이다. 때에 맞춰 내리는 단비처럼….

경쟁 관계에서는 더욱 그렇다. 전쟁의 승패를 보라. 어느 쪽이 무모한가, 대담한가로 판가름 난다. 적이 대비하고 있는 정면으로 공격하면 무모한 짓이고 적이 미처 대비하지 못한 곳으로 급습하면 대담한 것이다. 무모하면 함정에도 잘 빠지지만 대담하면 함정을 피하는 것은 물론 언제나 앞서 나갈 수 있다.

힘겨워도 유쾌하게 풀어나가라

어떤 일이든 무겁게 받아들이면 한도 끝도 없다. 살아 있으니까 위중한 일도 만나는 것이다. 생각해보라. 일은 외부에 있으며 마음은 내부에 있다. 이 마음이 어떤지는 외부의 일이 아니다. 일 자체가 어렵거나 쉽거나, 좋거나 나쁠 수 있지만…. 그렇다고 그 일이 마음을 어떻게 조작할 수는 없다.

똑같이 심각한 상황에서도 농담으로 여유를 찾으며 극복해내는 사람들이 있는가 하면 조금만 어려워도 심각하게 여기며 주저앉는 이들도 있다. 어떤 일을 풀어가야 할 때 어떤 마음을 어떻게 갖느냐는 본인의 의지에 달려 있다. 어차피 해야 할 일이라면 유쾌하게 해야 자기 역량을 충분히 발휘할 수 있다. 어떤 일을 억지로 하면 역량의 70% 정도밖에 구현이 안 된다.

80

눈과 귀는 거짓도 들어오는 문

우리는 먹는 것으로 에너지를 삼고, 보이고 들리는 정보로 판단한다. 눈과 귀는 진실의 창이면서 거짓이 들어오는 문이기도 하다. 필요한 정보는 널리 수집하되 조심해서 수용해야 한다. 보이고 들리는 것만이 다가 아니다. 영상매체는 더더욱 그러하다.

날것 그대로 오기보다 편집과 의도와 해석이 섞인다. 하나의 진실이 전달되어 오는 과정에서 여러 감정이 개입되는 것이다. 누가, 어떤 식으로 전달했는지 주의 깊게 보면서 사실 여부를 파악하라. 진실 그대로 순수하게 전달되는 경우는 거의 없다. 진실이 전달되는 과정에서 호의적이든 악의적이든 어떤 열정이 섞이기 마련이다.

질리지 않게 달리 표현해보라

아무리 좋은 것도 발전이 없으면 질린다. 처음에 평이 했던 사람이라도 자주 이 모양, 저 모양으로 가다듬고 나타나면 눈에 들어오게 되어 있다. 누구라도 관습에만 매여 변화를 주지 않으면 기존의 감탄마저 사라진다. 어떤 명성도, 어떤 탁월함도 갱신하지 않으면 그동안 감탄마저 사라져 평범한 것보다 더 낡은 것이 된다.

언제나 신선한 것이 낡은 어떤 것보다 나으니 용기를 내어 새롭게 탄생하자. 매일 새로 떠오르는 태양처럼 여러 방면으로 당신 모습을 빛내보자. 자기 갱신은 표현 방식만 달리해도 가능하다. 같은 말이라도 '또 만나서 반가워'를 매번 반복하기보다 '다시 만나서 영광이야' '우리가 이렇게 만나니 바람도 숨을 죽이네' '널 만나면 기분이 상쾌해' 등 색다른 표현을 해본다.

자신을 늘 새롭고 산뜻하게 바꾸자. 그것이 불사조가 영원토록 명성을 누리는 비결이다.

～ 82 ～

미덕의 황금률

매사에 균형을 잡자. 그래야 삶이 기울지 않는다. 이 것이 미덕의 황금률이다. 달도 차면 기운다. 좋아도 너 무 좋아하지 말고, 싫어도 너무 싫어하지 마라. 세상의 모든 지혜를 한마디로 응축하면 거기서 절제가 나온다. 절제할 수 있어야 매사에 균형을 잡을 수 있다. 절제를 잃으면 끝까지 간다.

오렌지즙을 끝까지 짜면 쓴맛이 나고, 양의 젖을 너 무 짜내면 결국 피가 나온다. 샘물도 근원까지 파면 끓 기듯이 어떤 재능도 너무 사용하면 메마르게 되고 만다. 어떤 졸부가 황금알을 낳는 거위를 사다가 욕심을 부려 배를 갈랐지만 아무것도 얻지 못했다. 사랑이든 미움이 든, 선이든 악이든 무엇이나 균형을 잃고 지나치면 모자 람만 못하다.

부족해도 괜찮다, 그 대신…

외모나 재능, 가문이나 학식, 환경 등 많은 것이 부족하더라도 지혜가 있으면 모든 것을 극복해낼 수 있다. 지혜로운 사람은 다른 사람의 결점도 볼 줄 알지만 자기 결점도 잘 알고, 그 결점을 인간적 친밀감을 조성하려고 약간씩 활용할 줄 안다.

사람들은 모두 어떤 약점이 있기에 누가 완벽한 척하면 인간미가 없다고 본다. 때로는 실수도 하고 때로는 약한 면도 보여주어야 질투를 덜 받는다. 적절한 실수는 동료의 호감을 사고, 적을 혼란에 빠뜨린다.

눈이 무수히 많은 괴물 아르고스는 모든 면에서 최고였지만 헤르메스는 아르고스도 몰랐던 아르고스의 약점을 알아채 그를 죽였다. 그래서 전설적인 투우사들은 이런 결심을 하고 투우장에 선다.

"너의 붉은 망토를 질투하는 투우의 뿔 위에 놓아라. 그러면 불멸의 명성을 얻으리니."

～ 84 ～
적보다 간신이 더 위험하다

재능은 절박한 만큼 개발된다. 그래서 어리석은 친구보다 현명한 적에게서 배울 것이 더 많다. 싸워도 좋은 맞수를 만나야 역량이 늘어난다. 하수와만 어울리다 보면 하수가 되고, 쉬운 과제만 풀다 보면 어려운 과제가 나오면 손도 못 댄다.

칼이 날카로울수록 손잡이를 잡아야 하듯이 아무리 검술이 뛰어난 적이라도 그가 잡은 칼의 손잡이를 차지한다면 이길 수 있다. 어떤 칼날이 겨누든 똑바로 바라보라. 그 칼의 손잡이를 잡을 수만 있다면 칼날이 예리할수록 더 좋다. 바로 그 칼이 최고 무기가 되기 때문이다.

적은 잘 이겨내기만 하면 내 역량을 길러주는 최상의 도구다. 이런 적보다 더 위험한 대상이 아첨을 일삼는 간신이다. 적은 맞서서 역량을 기를 수 있지만, 내부 역량을 소진하는 간신은 쉽게 구별하기도 어렵다. 언제나 역적보다 간신을 더 조심해야 한다.

85

능력이 있다고 너무 드러내지 마라

사람은 누구나 다 자기 잘난 맛에 산다. 누가 두각을 나타낸다고 하면 끌어내리고 싶어 한다. 이런 질투심은 자기가 왜소하고 존재 가치가 약하다고 느끼기 때문에 생긴다. 너만 잘났니, 나도 잘났다는 식이다. 아무리 그러해도 촛불과 횃불의 차이처럼 차원이 다른 사람이 있다. 어떤 일이든 월등히 잘해내는 만능 플레이어가 있다는 것이다.

그런 사람들일수록 겸손을 최고 미덕으로 삼아야 한다. 사사건건 자기 우월성을 자랑하려 하지 말고 핵심적인 일이 아닌 이상 다른 사람이 하도록 양보하고 옆에서 조용히 도와주어야 한다. 그러면 그 사람들이 성취감을 맛보느라 질투하지 않고 협력하는 태도로 나온다.

～ 86 ～
사소한 문제를 키우지 않으려면

소소한 문제라면 그냥 놓아두어라. 긁어 부스럼 만들지 말라는 뜻이다. 근거 없는 낭설은 대부분 놓아두면 저절로 사라진다. 하지만 호들갑을 떨거나 과잉대응하면 괴물처럼 커진다. 그러면 낭설을 조장한 측 의도에 말려드는 것이다. 물론 낭설 중에도 평판과 관련된 것, 그 사회에서 가장 꺼림칙하게 여기는 것과 관련되어 있고 게다가 확산 가능성마저 있을 때는 사전에 확실히 제압해야 한다. 호미로 막을 것을 가래로도 못 막는 상황이 될 수도 있기 때문이다.

군중이 까마귀 떼처럼 불만을 해소할 대상을 찾기 때문에 좋은 소문보다 나쁜 소문의 전파 속도가 훨씬 더 빠르다. 누구든 까마귀밥이 되었다 하면 아무리 잘못이 없다고 항의해도 통하지 않는다.

지성인이 되고 싶으면
자기주도적 학습을 하라

우리도 짐승처럼 벌거벗은 야만으로 태어나지만 자라면서 문화인이 된다. 문화가 어떤 세계관을 지닌 사람이냐를 만든다. 쌍둥이도 어떤 문화에서 자라느냐에 따라 다른 성향을 지닌다. 그런 이유로 고대 그리스는 플라톤과 아리스토텔레스 등의 철학을 꽃피우며 다른 세계를 야만이라 보았다.

문화가 사람을 만들고 사람이 문화를 만든다. 문화의 핵심요소가 지식이다. 그러나 지식도 우아*하지 않으면 야만 상태보다 더 교활하고 거칠 수 있다. 우아한 지식이 바로 지성이다. 우리의 지식뿐 아니라 욕망과 대화까지도 우아해져야 한다. 그렇지 않으면 지식이 욕망과 결합하면서 야만보다 더 충동적으로 된다. 사실 무

---

* 우아(aliño)는 본래 조미료로 채소샐러드에 드레싱한다는 뜻으로 출발해 세련되고 고상한(Elegance) 마음가짐과 행동을 지칭한다.

지할수록 충동적이며 충동적이면 지식은 쌓을 수 있어도 지성은 기를 수 없다. 그래서 지식이 폭발한 현대가 과거 야만의 시대보다 더 파괴적인 모습을 보일 때가 있다.

지식은 개념적·부분적이지만 지성은 앞뒤 사정을 통찰하는 것이다. 물론 지성도 어느 정도 지식의 기초가 있어야 한다. 지식이 완고하다면 지성은 우아하다. 품격과 세련미를 갖춘 사람을 우아하다고 한다. 지식은 은행에 저축하는 것처럼 주입식 암기로 쌓을 수 있지만 지성은 자기주도성이 있어야 한다. 우아함이 없는 지식은 굳어 있고 조잡하다. 대화와 의지, 옷과 행위에 세련미가 있어야 한다. 주도적으로 생각을 우아하게 하고 내적으로나 외적으로나 우아하려고 해야 한다. 우아한 나무에서 성공과 명예의 열매가 함께 열린다.

∽ 88 ∾
큰 그림을 그려라

큰물에서 큰 물고기가 나온다. 노는 물이 중요하다. 왕대밭에서 왕대 나고 쑥대밭에서 쑥대 난다. 어떤 밭이 냐가 중요하다. 생각도 똑같다. 크게 보면 그만큼 큰 행동을 하고 작게 보면 그만큼 자잘한 행동을 하게 된다.

위인들을 보면 작은 일에 연연하지 않는 대신 그만큼 큰일에 집중했다. 강물 줄기를 잡으면 개울물은 저절로 잡히게 되어 있다. 대세에 지장을 주지 않는 한 보고도 못 본 척, 듣고도 못 들은 척해야 할 일이 많다. 좀스러우면서 위대해지기를 바랄 수 없으니 별 의미 없는 소소한 일은 대충 보아야 한다.

사소한 데 과도한 의미를 부여하고 빙빙 도는 것이 신증경이라면 힘차게 전진하기가 어려워진다. 이런 신경증도 역설적으로 황소처럼 전진하면 고쳐진다. 그래서 호시우보虎視牛步하라는 것이다.

89

자신을 활용하라

자신을 활용하라니 무슨 뜻인가? 자신이 가지고 있는 것을 충분히 발휘하라는 것이다. 외모야 거울을 보면 되지만 내면은 심사숙고할 수밖에 없다. 자기를 모른다는 것은 얼굴을 보는 거울만 있지 마음을 보는 거울이 없다는 것이다. 마음을 보는 거울은 내가 나를 이해하려고 할 때 생겨난다. 그 거울을 보아야 내가 나를 다스릴 수 있는 주인이 된다.

벽에 걸린 거울에서 본 이미지는 보고 나면 잊히지만 마음의 거울로 보는 내면의 이미지는 보완하고 개선해 갈 수 있으니 얼마나 좋은가. 자기 내면을 스스로 돌아보면 자신의 자질과 성품, 역량, 판단력 등이 어떠한지 알 수 있다. 그래야 어떤 목표든 달성하려고 자신을 최대한 동원할 수 있다.

인생은 짧으나 자취는 영원하다

인생의 평가는 얼마나 살았느냐가 아니라 무엇을 남겼느냐로 한다. 누구나 두 가지 중 하나를 남긴다. 미덕이냐, 악덕이냐이다. 인생은 짧지만 자취는 영원하다. 악덕은 남겨둔 자취도 추하지만 그 자체로도 자기 생명의 풍요를 빈곤하게 만든다. 어리석으니 방탕하고 방탕하니 악덕을 쌓는다. 이런 사람들의 눈빛과 태도는 어딘지 모르게 부자연스럽다. 자긍심을 갖지 못해서다. 자긍심이 없으면 보상심리로 더 교묘한 악덕을 부리는데, 그렇게라도 자부심을 가져보려는 것이다. 이것이 악덕에 따른 징벌로 자족과는 거리가 먼 과시용 인생일 뿐이다.

악덕에 징벌이 있는 것처럼 미덕에도 당연히 보상이 있다. 건강한 마음과 육체, 즉 생명의 풍요를 누리며 자기 인생을 사는 것이다.

허점을 보이지 마라

무슨 일이든 시작했다면 흔들리는 모습을 보이지 마라. 일부러 허점을 보여 유인하려는 것이 아니라면 경쟁자가 쾌재를 부른다. 선장이 흔들리면 선원은 더 크게 동요한다. 항해하기 전 의심스러우면 출항하지 말고 출항했으면 강철 같은 의지를 보여주어야 한다. 시작한 후 우려하고 주저주저하려면 처음부터 시작하지 말아야 한다.

돌다리는 건너기 전에 두드려보는 것이지 건널 때 두드리며 주춤거리는 것이 아니다. 끝없는 자기 불신 속에 어리석음이 움트고 명쾌한 확신 속에 번뜩이는 재치가 나온다. 일을 시작해놓고도 불길한 결과를 상상하며 머뭇거린다면 어떻게 좋은 결과가 나오겠는가?

센스와 지혜

　같은 말도 어투와 어조를 센스 있게 하면 전혀 다른 느낌이 든다. 그러한 자그만 센스들이 모여 훗날 큰 차이를 가져온다. 멋진 센스가 만들어낸 표상이 현인이고, 이러한 현인들이 초월적인 지혜를 만들어내며 박수갈채를 받는 것이다.

93

대우주와 소우주

위대한 사람도 보통 사람과 다를 게 없이 먹고 자고 고민하고 즐거워한다. 다만 인생의 낙을 주위와 함께 나누며 삶을 더 풍요롭게 하는 것이다.

자연이 인간에게 준 최고의 자질이 무엇일까? 삶의 다양한 분야에서 좋은 점을 발견하는 재주다. 음악, 미술, 소설, 시, 수필, 정치, 과학, 운동, 기업, 군대, 건축, 농업, 지리 등 얼마나 분야가 많은가. 그 분야마다 흥미로운 부분만 섭렵해도 삶이 지루할 틈이 없다. 이 재주로 인생을 즐기는 것이다. 누구나 자기 취향과 분별력을 훈련하면 이 재주를 부릴 수 있으며 이것이 소우주인 인간이 대우주인 자연과 가까워지는 것이다.

94

누구에게나 미지의 매력은
남겨둬야 한다

서로에 대해 모든 것을 다 알고 나면 좋을 것 같지만 그렇지 않다. 어느 정도는 모르는 것이 남아 있어야 관심을 더 갖게 되고, 이 관심이 차츰 커져서 상대에 대한 동경이 되는 것이다.

'저 사람의 깊이는 도대체 어디까지야?' '알면 알수록 매력이 새록새록 솟아나네.'

사람이란 참 묘하게도 모두가 다 능력에 한계는 있지만 변주 가능성 때문에 기존의 능력이 달리 발전할 수 있다. 이 변주 가능성이 곧 신비한 영역으로 큰 매력으로 작용한다. 변주한다는 것은 배신이 아니라 새로운 안목을 기를 기회를 선물하는 것이다. 언제든 변주할 가능성이 풍부하다는 것 자체가 하나의 매력이 된다.

～ 95 ～
상대를 기대감으로 설레게 하라

누가 인기를 끌까? 기대감으로 피를 끓게 하는 사람들이다. 우리 발은 땅을 디디고 섰지만, 눈은 저만치를 내다본다. 언제나 앞선 자와 따르는 자의 비율은 2:8 정도다. 하지만 대부분 가치는 8할이 만들어낸다. 이런 역설이 가능한 것은 인간이 설렘으로 움직이기 때문이다.

늘 더 큰 기대로 따르는 자의 가슴을 휘저어 놓으면 위대한 행위라 찬사를 받는다. 주사위 한 개에 모든 기대치를 다 모아서 던지지 마라. 기대하며 따라오다가 중간에 분산되지 않도록 차례차례 내놓는 것도 대단한 기술이다. 약속하라. 할 수만 있다면 하늘의 별도 달도 따서 몽땅 주고 싶다고···. 그런 범위에서 작은 선의를 수시로 베풀며, 더 큰 기대감으로 늘 설레게 하라.

인간을 인간답게 만드는 것은

지식이 많아도 사려 깊지 못하다면 곧 무거운 짐이 되고, 돈이 많다고 해도 사려 깊지 않다면 바람에 나는 겨가 되고 만다. 사려 깊은 것이야말로 이성의 왕이며 분별력의 기반이다. 이 왕의 도움을 받아야 삶의 문제들을 술술 풀어 갈 수 있다.

삶은 결단의 연속이며, 가치 있는 결단을 내리게 해주는 것이 사려 깊은 분별력이다. 하는 일마다 무분별한 결단이 반복되면 실패한다. 결단을 잘 내리려면 삶에 무엇이 유효한지를 분별할 줄 알아야 한다. 분별력은 비판적 사고와 자기주도적 학습으로만 길러진다.

의외로 학문 위주의 지식만 쌓은 사람들이 결단 순간에 당황하는 것도 지식 만능에 빠져 현장을 모르기 때문이다. 그처럼 지식을 쌓기만 해서는 얼마나 더 많이 아느냐에 대한 양적 과시 외에는 쓸모가 없다. 그 때문에 명석한 두뇌와 많은 학식에도 우유부단해진다.

97
세평이 곧 명예다

　돈보다 명예가 더 소중하다고 할 때 직업에 관한 것이 아니다. 어떤 직업이든 그 분야에서 평판이 좋을 때 명예가 따른다. 사회적 명예가 있는 직업이라도 세평*이 안 좋으면 불명예를 안게 되지만, 보통 사람도 세평이 좋으면 명성이 따르며 모든 것을 얻게 된다.

　어떤 일을 하든 명예를 얻으면 부도 오고, 명예를 잃으면 부도 떠나간다. 과거에는 왕이 권력을, 학자가 명예를, 상인이 재물을 나눠 가졌다. 이제는 명예야말로 권력과 재물을 확보하는 교두보가 되고 있다.

　명성은 한번 얻으면 기류를 타듯 힘들지 않게 유지할 수 있다. 명성을 유지하는 기류가 곧 세평이다. 세평이 좋다는 것은 대중의 존경심이나 기대감이 크다는 것이다. 기류에 올라타면 신도 그 명성을 허물어뜨릴 수 없다.

---

* 　세평(reputación)은 사람들의 평가로 주로 신망과 관련되어 있다.

진짜 의도는 덮어두고 인정욕구를 이용하라

영리한 척하는 사람과 멍청한 척하는 사람 중 누구를 상대하기가 더 쉬울까? 영리한 척하는 사람이다. 무능한데 영리한 척하려면 뭔가 어설퍼 쉽게 드러난다. 하지만 영리한 사람이 멍청한 척하면 누구도 그 속을 알아낼 수 없어 속이기는 어렵고 이겨내기는 더 어렵다.

세상에 영리한 척하는 사람이 많을까, 멍청한 척하는 사람이 많을까? 영리한 척하는 사람이 아홉이라면 멍청한 척하는 사람은 한 명도 채 안 된다. 왜 그럴까. 인정욕구 때문이다. 이런 욕구를 활용하기는 강풍에 바람개비를 돌리는 것보다 더 쉽다. 어디에서든 영리한 사람이 자기 의도를 감추고 멍청한 척하면 인정욕구에 목마른 이들이 우월감을 느껴보고자 접근한다. 이들은 영리한 사람이 숨겨둔 낚시를 덥석 문다. 그러고도 경계하기는커녕 낚싯줄을 당기는 대로 끌려다니면서도 나를 알아준다고 좋아한다.

99
실제와 현실

우리는 사물의 속이 아닌 겉모습을 본다. 어떤 것이나 보이는 것만이 전부가 아니다. 그런데도 다수는 보이는 대로가 진실이라 믿으며 만족스러워한다.

사람의 속을 간파할 수 있는 자들은 소수다. 그래서 사람들이 겉모습을 가꾸는 데 그토록 많은 비용을 내는 것이다. 그러니 내가 옳다는 신념만으로는 불충분하다. 옳은 것은 옳게 보이도록, 나쁜 것은 나쁘게 보이도록 해야 한다.

사람 사는 이치를 터득하라

자연에는 물리物理가 있고, 인간 사이에는 도리道理가 있고, 통치구조에는 법리法理가 있고, 학문에는 문리文理가 있다. 모두 다 필요한 이치이지만 이 중 사람 사이에는 도리가 가장 중요하다. 법리도, 물리도, 심지어 문리까지도 도리라는 신용장으로만 현실적 의미를 얻는다. 로마의 귀족 세네카는 노예 에픽테토스와 함께 신분을 뛰어넘어 인간의 도리를 설파하는 철인으로 인류의 신용장을 확보했다.

3장

자신의 호감도를
높이는 요령

~~~ IOI ~~~

아무리 잘해도
싫어하는 사람이 있게 마련이다

세상의 절반은 다른 쪽을 향해 너희가 어리석다고 비웃는다. 이들의 투표 결과에 세상사의 좋고 나쁜 것이 결정된다. 그에 따라 한쪽은 추종하고 다른 쪽은 박해받는다. 그럼에도 자기 아이디어대로만 모두가 따라주기를 바란다면 어리석은 짓이다.

탁월성은 만장일치로 결정되는 것은 아니지만 과반수가 시대의 탁월성을 결정한다. 그런데 과반수조차 수시로 바뀐다. 이 변화에 따라 박수를 보내기도 하고 비웃기도 한다. 비웃음을 받을 때 낙담할 필요도 없는 것이 분명히 어딘가 박수를 보내는 사람이 있다. 환호를 받을 때도 도취할 필요가 없다. 어딘가에 비웃는 사람도 있기 때문이다. 우리는 서로 얼굴이 다른 만큼이나 기질과 취향이 다르다.

성인 예수에게도 가룟 유다가 있었고, 붓다에게도 데

바닷다가 있었다. 성자들처럼 아무리 잘해도 조롱하고 배반하는 사람이 있었다. 하물며 우리는…. 여기서 우리가 배워야 할 것은 기껏해야 한 세기도 가지 못할 어떤 비난이나 박수로부터 독립하는 정신이다.

그릇을 키워라

당신이라는 그릇에 무엇을 담고 싶은가. 거기에 맞는 그릇을 갖추어라. 비가 아무리 내려도 저수지가 없으면 고이지 않고 흘러내려 버린다. 우리도 어렸을 때는 젖이나 우유를 먹어야 한다. 소화능력이 강해지는 아동기를 지나며 딱딱한 음식도 먹는다.

행운도 누릴 만한 그릇이 되는 사람이어야 머문다. 그릇이 안 되는데 과분한 행운은 축복이 아니라 저주스러운 결말을 예고하기 쉽다. 연못을 파두면 물이 차듯이 그릇을 갖추면 행운이 몰려온다. 큰 행운은 작은 그릇을 부끄러워하지만 작은 행운은 큰 그릇도 마다하지 않고 자랑스러워한다. 그릇이 큰 사람은 좀스러워 보이는 짓은 피하며 더 큰일도 할 수 있다는 여지를 보여준다. 얼마나 많은 기회가 캐스팅이나 스카우트 등의 깃발을 내세워 준비된 자를 찾으려고 방황하는가.

자기다움의 존엄성을 지녀라

그대는 모든 사람의 왕은 아닐지라도 그대만의 왕이다. 그러니 왕답게 절도 있고 숭고하게 행동하라. 그리하면 왕 같은 권능은 없더라도 왕의 기품은 지니게 된다. 왕다움은 편파 없는 공정성에 있지 위대한 어떤 왕을 모델로 삼고 부러워하는 것이 아니다. 특히 왕권의 목적을 허례허식이 아닌 실제적 우월성에 두어야 진정한 존엄성이 우러나오게 된다.

사람을 관리하는 기술

사람 관리만큼 힘든 일도 없고 보람 있는 일도 없다. 힘들다는 것은 두 가지 이유 때문이다. 첫째, 자기 아집으로 관리하려 하기 때문이다. 사람마다 하는 일에 따라 다른 기능이 필요하다. 사안에 따라 용기가 필요하거나 재치가 필요하기도 하다. 사람을 여기에 맞춰 분별력 있게 배치해야 한다. 그보다 더 어려운 일이 배치한 사람들을 각 기질을 파악해 영리하게 조율하는 것이다.

기능에 맞춰 업무를 배분하는 것보다 그 사람들을 조율하기가 어려운 것은 각자 기질 속의 관심과 열정을 알아야 하기 때문이다. 달리 말해 사람들의 관심과 열정을 알기만 한다면, 그래서 기질의 다양성과 업무의 중요성을 연결할 수만 있다면 누구든 능숙하게 관리할 수 있다.

간결하게, 더 간결하게

부연 설명은 한두 번이면 충분하다. 지나치면 잔소리가 되고 상대를 무시하는 것이 된다. 바쁜 것보다 더 참기 힘든 일이 지루한 것이다. 아무리 좋은 비즈니스나 주제도 간결함에서 벗어나면 사람들은 싫증을 느끼며 무례하다고 본다. 똑같은 주제를 놓고도 간결한 것이 효과를 두 배 거둔다. 내용은 좋은데 표현방식이 간결하지 못해서 실패한 경우가 많다.

거래관계에 한정해서 본다면 말을 많이 하기보다 쓸모 있는 말을 간결하게 해야 한다. 그래서 말 많은 사람치고 실속 있는 사람이 드물다. 지혜로운 사람은 어떤 설명을 할 때도 지루하게 하지 않고 듣는 이가 몰두하게 한다. 말을 잘한다는 것은 요점을 간결하고 두드러지게 표현하는 것이다.

～ 106 ～

지위를 과시하지 마라, 질투를 유발한다

개인적인 매력보다 지위나 행복을 더 과시하면 다른 사람들의 질투를 받는다. 자신의 힘을 지위를 과시하는 데 쏟지 마라. 지위는 일시적이다. 지위가 곧 자기 자신은 아니라는 말이다. 지위를 과시하려 하지 않고 지위에 걸맞게 의무를 이행하면 존경심이 겹친다. 억지로 존경을 강요하면 불필요한 시기심만 유발된다. 자기과시가 많을수록 질투를 더 많이 받고, 존경을 받을수록 질투를 덜 받는다. 질투나 존경은 타인의 견해다. 억지로 끄집어낼 수는 없다.

존엄한 자리는 그에 맞는 권위가 필요하다. 자기 자리라고 유난을 떨지 말고 재능으로 평가받으라. 현명한 왕들을 보라. 지위보다 개인적 자질로 영광을 더 받고 있다.

107
자족은 하되 자만은 하지 마라

어떤 경우에도 자족은 하지만 자만은 하지 마라. 자족은 긍정적 감성으로 전진하는 데 동기부여가 되지만 자만은 객관성이 없는 오만으로 안주하게 된다. 자족하되 자만이라는 늪에 빠지지 않으려면 계속 전진해야 한다.

자기 불만은 소심한 것이지만 자만은 어리석은 것으로 대부분 무분별해서 발생한다. 자만감에 빠져 지낼수록 더욱 분별없는 일을 하게 되어 결국 신용을 잃는다. 그런데도 사람들이 자만에 쉽게 빠지는 이유가 무엇일까?

자기보다 훨씬 뛰어난, 즉 최상의 경지에 다다른 사람들을 통찰하지 않기 때문이다. 그래서 자기 재능을 보통 수준에 묶어두고도 자만이라는 착각에 빠져 있다. 연속적인 일의 성취 여부는 어떻게 자만하지 않고 서로 다른 상황에 능동적으로 대처하느냐에 달려 있다. 하나의 상황에서 승리했던 방식이 다른 상황에서는 패배하는 방식이 될 수도 있다. 그런데도 자만심에 빠지면 공허한 자기만족에 취해 상황 변화를 감지하지 못한다. 자기 재능을 묵혀두지 않으려면 자족하되 자만하지 않는 자기 단련이 필요하다.

"자만을 거절한 사람에게 불운은 힘을 잃는다."

이 명언에 호메로스가 고개를 끄덕였고 알렉산드로스 대왕도 세계 최고 영웅이라는 환상에서 벗어났다.

공존의 기술은
다양한 상호작용에서 나온다

혼자 위대해지는 길은 없다. 다른 사람과 함께 가는 길에서 위대해지는 것이다. 그래서 공존의 기술이 필요하다. 대부분 영재교육이 실패하는 이유도 공존의 기술, 즉 사회성을 기를 기회를 잡지 못하기 때문이다.

혼자서 아무리 똑똑해도 사회적 상호작용에 무능하면 별로 쓸모가 없다. 극단의 중간지점, 즉 중용의 길을 찾아내는 것이 공존의 기술이다. 이런 기술은 교류 현장에서만 익힐 수 있으니 일단 사람들을 만나보아야 한다. 그중 활달한 사람이 모임을 주선하면 자연스럽게 어울린다. 이렇게 다른 사람들과 어울려 보는 경험이 중요하다. 한두 번 하다가 그만두지 말고 지속해야 하며 감당할 만한 범위에서 다양한 모임에도 참여해야 한다. 그러면 사람들의 매너와 취향을 익히게 되고 어느새 공존의 센스와 재능까지 자라게 된다.

～ 109 ～
비난거리만 찾으려 하지 마라

따지려고만 하면 친구가 사라지고 꾸짖으려고만 하면 애인이 도망간다. 참견하고 꼬집기 좋아하는 성격은 버려야 한다. 그런 성격은 누가 무슨 일을 해도 마음에 들어 하지 않고 꾸짖으려고만 한다. 물론 악한 마음으로 그러는 것은 아니지만 예민하고 우울한 성격이라 마치 광선에 티끌을 비추어 보듯이 모든 것에서 결점을 짚어내려 한다. 그래서 지나간 일도 파헤치고 해야 할 일까지 미리부터 따지고 든다. 이런 상습적 비난은 하는 사람은 후련할지 몰라도 당하는 사람에게는 매우 가혹하다.

어떤 것에 자꾸 신경이 예민해지거든 먼저 심호흡을 하고 굳이 남의 일에 감 놓아라, 배 놓아라 하며 나설 필요는 없다는 생각을 하라.

남겨지기보다 먼저 떠나라

어디서든 구차하게 남겨지는 것보다는 먼저 떠나는 것이 좋다. 직업도 마찬가지다. 시대 변화에 따라 하는 일이 소멸되고 있다면, 그 일이 나를 버리기 전에 내가 먼저 그 일을 버려야 한다. 미인은 자신의 아름다움이 유지되고 있을 때 거울을 깨버린다. 훗날 아름다운 모습이 사라진 자신을 거울이 비추지 못하도록.

하늘의 태양을 보라. 서산마루에 질 때 세상을 붉게 물들이면서도 구름 속에서 언제 넘어가는지도 모르게 간다. 이처럼 반드시 물러나야 한다면 재치있게 빠져나와야 새로운 기회에 활기차게 진입할 수 있다. 언제든 물러날 때 전략이 좋아야 한다. 그래야만 궁극적으로 승리의 나팔을 불 수 있다.

우정도 개발하는 것이다

누군가를 알려면 그의 친구들을 보라고 했다. 거울은 외모를 보여주지만 친구들은 내면의 기질과 취향을 보여준다. 스스로 누구를 만나기를 좋아하는지 보면 자신을 알 수 있다. 내 속의 어떤 모습은 이 친구에게서, 다른 모습은 저 친구에게서 드러난다. 그렇게 살피다 보면 자신도 미처 몰랐던 자기 모습을 발견하게 된다.

친구들은 각기 나름대로 서로를 이해하는 데 긍정적이든 부정적이든 통찰력을 준다. 친구를 사귈 때 먼저 많이 만나보는 가운데 부정에서 충분히 배웠다 싶은 친구는 차츰 정리하고 긍정 경험을 교류할 수 있는 친구 중심으로 정리해야 한다.

좋은 우정*을 만들려면 따뜻한 가슴에서 나오는 진실한 혀 외에 다른 마법이 없다. 우리는 친구 아니면 적

---

* 우정(amigo)은 나이가 기준이 아니라 취미 등 정서적 기준으로 맺어지는 관계다.

또는 이방인처럼 낯선 이들 사이에서 살아야 한다. 친구가 아직 없다면 서로 잘되기 바라는 사람들과 만나보자. 그들과 여러 시련을 거치다 보면 몇몇과 좋은 우정이 쌓일 것이다.

첫인상부터 호감을 사라

상대가 좋으면 곰보도 보조개로 보이고 미우면 보조개도 곰보로 보인다고 한다. 제 눈에 안경인 것이다. 주는 것 없이 미운 사람이 있고 주고 또 주어도 마냥 좋은 사람도 있다. 왜 이렇게 비합리적일까?

우리 정서가 이성이 아닌 호감과 비호감에 기인하기 때문이다. 호감은 대상을 향한 선한 의지이지만 비호감은 그 반대다. 사람들에게 호감을 얻으면 그들은 용기, 열정, 지식, 분별력을 동원해 당신에게 좋은 의견을 말한다. 이러한 호감은 한번 얻으면 유지하기가 쉽다. 누군가를 좋아하면 할수록 그만큼 단점은 눈에 보이지 않는다. 그래서 사랑에는 한계선이 없다.

언제 호감이 생겨날까? 호감은 어떤 공동의 연줄, 즉 기질, 이익, 고향, 업무 등에서 교감 형식으로 일어나는데 그때 중요한 것이 첫인상이다.

댐은 미리 만드는 것이다

홍수나 가뭄이 드물게 일어나도 평소에 댐을 쌓아두어야 자연재해를 피할 수 있다. 인생에서 어려움은 잘나갈 때 대비해야 한다. 베짱이는 여름을 유흥으로 낭비하더니 겨울이 되자 죽었지만 개미는 준비를 잘해 버렸다. 크게 성공했던 사람이 추락하면 보통 사람보다 훨씬 더 불행하다고 느낀다. 평소 누렸던 삶과 다른 생활을 힘겨워하는 것이다. 잘될 때는 앞다퉈 찾아오던 사람들도 힘들어지면 발길을 뚝 끊는다.

하물며 잘나갈 때 안하무인이었다면? 그 사람이 어려움을 만나면 어디서 도움을 얻겠는가. 모든 것이 풍족할 때 악천후를 대비해 자비도 베풀고 물질도 보관해두어야 한다. 미리미리 대비해서 손해 볼 것은 전혀 없다.

일부러 적을 만들지는 마라

아무리 친한 사이라도 약간은 경쟁심이 있는 법이다. 그렇다고 경쟁한다는 표현은 하지 마라.

경쟁이 없거나 심하지 않을 때는 잘 지내던 사람도 경쟁자라고 지목하는 순간 돌변한다. 실제로 경쟁관계라 해도 선의의 경주를 할 뿐이라고 해두자. 경쟁을 공개적으로 하게 되면 서로 폭로하고 무자비한 공격만 난무할 뿐이다. 그때부터 서로 무덤 속 해골처럼 오래된 스캔들까지도 들춰내려 한다. 어떤 전쟁에도 명예란 없다.

노골적인 모든 경쟁은 이처럼 상호 신뢰를 손상한다. 그럼에도 경쟁해야만 한다면? 먼저 현재의 나와 경쟁하라. 대개 경쟁상대는 엇비슷하다. 지금의 나보다 더 뛰어나게 되면 자기성취의 선한 의도로도 상대를 너끈히 추월할 수 있다. 이러한 포지션이 마음의 평화는 물론 위엄 있는 평판까지 가져다준다.

측근의 약점도 알고는 있어야 한다

누구나 약점을 몇 가지씩 가지고 태어난다. 부모나 자녀, 애인, 형제 등 가까운 이들도 당연히 약점이 있다. 못생긴 얼굴도 자주 보면 익숙해진다. 그렇게 가까워지면 단점은 가려지고 장점만 도드라진다.

하지만 친숙한 사람들의 약점도 잘 알고 익숙해져야 실망도 덜하고 미리 도와줄 수 있다. 특히 단점 중 선천적인 것은 나쁜 것이 아니며 그들의 잘못도 아니다. 이런 약점을 마치 나쁜 것인 양 비난하는 것은 인간에 대한 예의가 없는 것이다.

명예를 중시하는 사람과 가깝게 지내라

비록 큰 명예가 아니고 작은 명예라 해도 중시하는 사람은 자기와 타인을 기만하지 않기 때문에 믿을 수 있다. 그들은 잠깐 오해를 받더라도 자기 명예를 보존하려고 공손하고 정직하게 행동한다. 설령 싸우더라도 불명예를 마다하지 않는 사람과 다투어 이기는 것보다는 명예를 지키려는 사람과 다투는 것이 훨씬 낫다.

불명예도 마다하지 않는 이들은 정직이 무엇인지도 모를 만큼 황폐해져 있다. 그들에게는 우정이나 어떤 합의도 구속력이 없다. 이와 같이 정직의 왕좌에 명예감이 있기에 명예감이 없는 자에게는 어떤 미덕도 소용없다.

자신에 대한 말은 될 수 있으면 삼가라

자기에 대한 말을 할 때는 자화자찬과 자기비하 둘 중 하나가 되기 십상이다. 이때 자화자찬은 허영이고 자기비하는 소심한 것이다. 둘 다 지나치면 듣는 이에겐 큰 고역이다. 어떤 사람이든 남의 잘난 이야기나 신세한탄을 듣는 데 시간을 낭비하고 싶어 하지 않는다. 이런 식의 말은 일상에서도 피해야겠지만 특히 회의 자리나 상사와 대화할 때는 금물이다. 그렇지 않으면 상황파악도 못 하는 철부지 취급을 받는다.

리더도 마찬가지다. 공적인 자리에서 자기 이야기만 줄곧 늘어놓으면 겉으로 아부하는 사람도 있겠지만 속으로는 모두 싫어한다.

공손하다는 평판을 들어라

'그 사람은 참 예의 바르다.' 이런 평판을 얻어놓으면 당신이 좋아하는 일을 하기가 쉽다. 예의는 당대 문화의 구성요소로 일종의 주문과 같다. 이 주문을 잘 외우고 다니면 호감을 사지만 어기면 다른 사람의 비위를 상하게 한다. 게다가 무례하면서 교만하기까지 하다면? 적을 무수히 만드는 길이다. 속으로 오만하더라도 예의는 갖추는 것이 훨씬 좋다.

경쟁관계에서도 그렇게 하면 가치가 올라간다. 예의만큼 작은 노력으로 큰 효과를 보는 것도 없다. 존중하는 자가 존중을 받기에 예의 바른 사람에게는 항상 명예가 따른다.

반감을 불러일으키지는 마라

불필요한 일을 하는 바람에 미움받는 사람들이 있다. 쓸데없이 손해 볼 일은 하지 마라. 명분도 없는데 굳이 비호감*이 되지 말고 누군가를 까닭 없이 미워하지도 마라. 사람들은 특별한 이유나 목적도 없이 기분 내키는 대로 반감을 품는 경우가 많다. 자신에게 별 도움도 안 되는데 비방하는 취미가 있는 것이다. 그렇기에 조그만 계기만 있어도 어떤 사람이든 싫어하려는 경향이 있다. 여기에 걸리면 집단 따돌림을 당한다. 이를 피하려면 정서적으로 미움받을 일은 하지 말아야 한다.

어떤 사람들은 필요할 때 화를 못 이기고 엉뚱한데 분노를 쏟아낸다. 이런 식의 화풀이 역시 주위 사람들을 떠나게 만든다. 언제나 잊지 말자. 존중받으려면 존중을 표해야 한다는 사실을.

---

* 비호감(aversión)은 반감 또는 혐오감과 같은 것으로 죄는 아니지만 정서적으로 싫은 상태이다.

실용적으로 살려면

시대정신보다 네댓 걸음 앞서면 미치광이로 보고, 두 세 걸음 앞서면 몽상가로 보며, 한 걸음 앞서면 고독한 예언가로 보고 반걸음 앞서면 선구자로 본다. 선구자 위치가 아니라면 시대와 같이 가야 실용적 인생을 누린 다. 지식도 유행에 따라야 대중의 사랑을 받고 취향도 그때 스타일에 맞춰야 구식 취급을 받지 않는다.

실용적으로 생각하려면 낡은 취향을 이방인처럼 여 기고 현대적 취향을 귀한 손님으로 여겨야 한다. 오늘날 의 미덕이 과거에는 악덕이었으며, 과거의 악덕이 오늘 날에는 미덕으로 변한 것이 얼마나 많은가.

사소한 일을 큰일로 만들지 마라

삶은 사건의 연속이다. 그럴 때마다 사사건건 꼬투리를 잡거나 야단법석을 떠는 사람이 있고, 사소하면 사소하게 지나치고 크면 큰 대로 의연하게 대처하는 사람도 있다. 당신은 어느 쪽인가.

사사건건 물고 늘어지는 사람은 본인은 물론 주변인까지 노심초사하게 만든다. 이들은 어떤 일이든 차분하게 지켜보지 못한다. 처음부터 큰 문제인 듯 과잉대응하려고만 한다. 그런 일은 거의 모두 어깨 뒤로 가볍게 넘겨도 된다. 놓아두면 아무 일도 아닐 일을 부산을 떨며 과잉 대응하는 바람에 일이 어처구니없이 커지기도 한다. 난관을 잘 극복하고 있는데 괜히 구제한다고 떠드는 바람에 더 어렵게 되기도 한다.

삶에서 '때로는 무관심이 약이다'는 것만 기억해도 성가신 일들이 훨씬 줄어든다. 일거리가 아닌 것을 일로 만들지 마라.

분별 있는 행동으로 경외감이 일어난다

경외감은 강요한다고 해서 일어나지 않으며 범접할 수 없는 아우라에서 나온다. 공포가 어떤 강요에 따른 것이라면 경외감은 자발적 존중감이다. 그렇다고 경외감이 반드시 큰 업적에서만 일어나는 것은 아니다. 일상에서 구별된 행동, 즉 언어와 표정과 심지어 걸음걸이까지 어떤 식으로 표현하느냐에 달려 있다. 눈빛은 밝게, 걸음걸이는 당당하게 하며 거만하고 엉뚱한 소리가 아니라 재치 있고 경우에 맞는 어투로 말하라.

물론 쌓아온 업적과 관련된 역량도 중요하다. 이것과 함께 분별 있는 행위로 아우라가 형성되면 사람들 마음도 사로잡고 존중도 받는다.

너무 가식적으로 보이지 않게 하라

무엇이든 자연스러워 보여야 한다. 너무 인위적으로 보이면 사기를 치려는 것처럼 여겨진다.

본래의 것을 감추고 뭔가를 더 그럴듯하게 꾸밀수록 원래 가지고 있던 장점까지 인정받지 못한다. 그뿐만 아니다. 가식을 한번 맛보면 자기를 계발하기가 어렵다. 자기를 계발하는 것보다 당장 가식으로 주목받기가 더 쉽기 때문이다.

의외이지만 재능이 적은 사람보다는 재능이 많은 사람이 자기 뜻대로 안 될 때 가식을 더 많이 하게 된다. 그만큼 자기 재능을 알아주기 바라는 것이다. 가식의 동기는 대부분 잘난 척하려는 것이다. 재능이 많으면 업적으로 말해야지 과시에만 열을 올리면 허풍쟁이가 된다. 가식 없이도 충분히 빛날 수 있는 재능까지도 가식 때문에 의심받는다. 나 스스로 장점에 겸손하면 다른 사람이 드러내며 두 배로 갈채를 보낸다.

'그 사람 말이야. 참 잘났는데 겸손하기까지 해.'

사람들은 가식적인 것보다 자연스러운 것을 더 신기해한다. 자연스러운 것을 천부적으로 보는 심리 때문이다. 어떤 것을 자랑하고 싶을수록 더 숨겨야 한다. 그래야 어느 순간 자연스럽게 드러나며 그 재능이 억지로만든 것이 아닌 고유한 특성으로 여겨진다.

어디서든 필요한 사람이 되어라

'이 사람이 꼭 필요한데….'

어디 가든 그런 말을 듣는 사람이 되어라. 나를 알아 달라고 하기 전에 내가 먼저 필요한 사람이 되어야 한다. 사람은 많은데 막상 필요한 사람은 별로 없다.

사실 어떤 자리에 불필요하고 도리어 해를 끼치면서도 더 높은 직위를 노리는 사람들이 얼마나 많은가. 거기에 속지 말고 그런 허세를 부려서도 안 된다. 어떤 직위를 요구하지 말고 그 직위가 요구하는 사람이 되어야 한다. 사람은 많지만 그런 사람은 드물다. 따라서 자기가 하는 일부터 탁월하게 하면 굳이 애쓰지 않아도 원하는 직급으로 올라가게 되어 있다.

특이한 분야에서 대단한 전문가가 아니라도 수많은 분야에서 내가 없으면 안 될 일을 해야 한다. 그러면 굳이 과시할 만한 직급도 필요 없이 대체 불가능한 존재로 우대받는다.

다른 사람의 허물을 캐고 다니지 마라

사회적으로 큰 해악을 끼치는 범죄가 아니라면 일부러 그렇게까지 할 필요가 없다. 사기꾼이 사기꾼을 더 잘 알아보는 법이다. 오점이 많은 사람이 남의 실수에 더 예민하다. 다른 사람의 오점을 들추어 자기 속에 감춘 허물에 대한 자책감을 달래려는 것이다.

오점이 오점을 위로하는 식이다. 이런 사람들이 꼭 작은 추문까지도 큰 스캔들로 확대해서 퍼뜨리고 다닌다. 여기에 걸리지 않을 사람이 누가 있겠는가. 움직이는 것뿐 아니라 숨 쉬는 것까지 이현령비현령耳懸鈴鼻懸鈴식으로 추문으로 연결해버리려 하는데….

나름대로 실수하지 않는 사람은 아무도 없다. 다만 확대되지 않았을 뿐이다. 사려 깊은 사람일수록 허물 캐는 일에 관여하지 않는다. 그런 일은 부메랑이 되기도 하려니와 가슴이 없는 짐승보다 못한 짓이라는 사실을 잘 알기 때문이다.

실수했다면 잘 관리하라

어리석다는 것은 실수해서 그런 것이 아니라 그 실수를 잘 해결하지 못했다는 것이다. 업적이 훌륭해도 너무 드러나지 않게 해야 하듯이 실수도 확대해석하지 않도록 잘 관리해야 한다.

실수 없는 사람은 없다. 성공 가도에서도 실수가 나오기 마련인데, 너무 드러나면 그 과정에 묶여 버린다. 그렇듯 진짜 실수는 실수한 것이 아니라 그 실수를 실수로 넘기지 못하고 고정해 버리는 것이다. 자기 안에 세상에 밝히기 어려운 욕망이 있다면 봉인해야 하듯이 실수도 그렇게 봉인해야 하는 게 있다.

우리 모두 실수하지만 그 자리에서 맴돌면 패자가 되는 것이고 지나쳐 나가면 승자가 되는 것이다. 개인의 평판도 업적보다 오점을 어떻게 관리했느냐에 달려 있다. 한 점 흠도 없이 살 수 없다면 어떤 흠이 났을 때 더 깊어지지 않게 해야 한다. 그렇지 않으면 위대한 업적을 쌓았어도 일식에 가리는 태양처럼 된다.

우정에서도 애정에서도 마찬가지다. 감출 것은 감추어라. 그래야 유지된다. 자신에게조차 감추면 좋은 일이 있다. 그것이 망각이라는 것이다. 기억하는 것 못지않게 잊는 것도 배워라.

펄떡이는 물고기처럼 활기차게

사람은 활기가 넘쳐야 한다. 말할 때도 걸을 때도 활달하게 하자. 자연을 보라. 거목부터 들풀까지 생동감이 넘친다. 아직 샛노란 싹도 활기차게 땅을 뚫고 나온다. 밀림의 맹수나 토끼, 지렁이도 대지를 활기차게 누비고 다닌다. 공중의 독수리도 참새도, 바닷속 고래나 새우도 펄떡인다. 하물며 사람이 활기가 없다면….

재능은 생명을 잃고 언어는 숨결을 잃어 어떤 행위도 흐지부지되며 아무리 우아해도 어설프게 된다. 그러나 활기가 있다면….

어떤 황당한 상황도 헤쳐나간다. 활기야말로 용기와 신중성, 장엄함 등 인간의 모든 자질을 압도한다. 이러한 활기는 교육이 주는 것이 아니다. 자연의 선물이니 이 선물을 누릴 당연한 권리를 포기하지 마라. 활기만이 재능의 생명이고 언어의 숨결이며, 행위의 정수이고 최고 장식품이다.

높고 넓고 깊게 멀리 보라

우리는 생김새가 다 다르듯이 마음도 다 같은 마음이 아니다. 순진한 사람들이 곧잘 실수하는 것이 다른 사람도 자기와 같은 생각을 할 것이라고 여기는 것이다. 그렇지 않다는 것을 여러 번 겪고 나서야 혼자 착각했음을 깨닫는다. 물론 수많은 착각 속에서도 끝내 깨닫지 못하는 이도 있다. 그 이유는 소견이 좁고 근시안적이기 때문이다. 이를 '저속한 소견'이라고 한다면 '고결한 소견'은 더 넓고 깊게, 멀리 보는 것이다.

감정을 가다듬고 고상한 취미를 기르면 소견도 고결해지고 마음도 넓어진다. 관대함과 강인함이 위인의 자질인데 두 자질 모두 고결한 소견에서 나온다.

하소연할 시간에 자립하라

아무리 이유 있는 불평이라도 지나치면 불신을 불러온다. 하소연으로 연민의 대상이 되려고 하지 말고 그 열정을 자립하는 데 쏟아라. 생로병사처럼 삶의 주기에서 발생하는 연민 이외의 것으로 자꾸 하소연하고 연민을 구하면 처음에는 동정하다가도 끝내 외면한다.

전략적으로 한두 번 하소연이 필요할 때도 있다. 그 밖에 그럴 시간이 있으면 자기 길을 도모해나가야 한다. 그렇게 홀로 서려는 모습을 보이면 굳이 하소연하지 않아도 너도나도 나서서 응원을 보낸다. 그래서 동정받는 것보다 자립하는 것이 더 빠르다는 것이다. 과거를 탓하고 환경을 탓하고만 있으면 미래를 갉아먹고 만다. 불평을 늘어놓을 시간에 열정적인 모습으로 신뢰를 쌓으며 자립할 힘을 기르라.

행동으로 말하라

모든 일은 존재 자체로 되는 것이 아니라 존재가 움직이는 것으로 성사된다. 그러니 행동하고 그 결과를 보고 거기에 맞춰 또 행동하라. 정적인 존재가 역동적으로 되면 가치가 두 배로 상승한다. 보이지 않는 것은 존재하지 않는 것과 다르지 않다.

입으로만 일하려는 사람은 기억해야 한다. 말은 들릴 뿐 곧 사라진다. 행동해야 비로소 보인다. 언제나 말만 앞세우지 말고 행동으로 보여주어야 한다. 인생은 말이 아니라 행동으로 사는 것이다. 오늘날 멋진 설교, 설득력 있는 강연이 얼마나 많은가. 그들도 자신들이 떠들어댔던 말처럼 살지 않으면 위선자에 불과하다.

소크라테스, 디오게네스, 플라톤 등을 보라 그들은 말과 삶이 하나였다. 이러한 실행만이 각기 존재의 고유성을 드러낸다.

내 감정의 주인이 되어라

어떻게 하면 고귀한 인격을 지닐 수 있을까? 희로애락 등 여러 감정을 잘 다스릴 수 있어야 한다. 이런 감정은 외부에 있지 않고 모두 내 안에 있다. 자기감정을 스스로 잘 다스리는 상태가 곧 고귀한 인격을 갖춘 것이다. 내 감정에 휘둘리면 이성은 감정의 폭군 아래서 숨을 죽인다.

세상에서 제일 이기기 쉬운 상대가 누구인 줄 아는가. 자기감정의 노예가 된 적이다. 그 적 내부에 바로 감정이라는 아군이 숨어 있다. 스스로 감정이 조절되지 않을 때 적은 외부가 아니라 바로 내부에 있다. 내 안의 감정을 적으로 두지 말고 아군으로 돌려놓으라. 구원하러 온 백만대군보다 더 큰 힘을 얻을 것이다.

습관처럼 한 번 더 숙고하라

어떤 결정을 내리기 전에 잠깐만, 아주 잠깐만이라
도 한 번 더 깊이 생각하는 습관을 들여라. 주어진 여건
을 최대한 활용하며 더 개선할 여지가 없는지 한 번 더
살펴보라는 말이다. 그러면 순간적으로 다른 면이 보일
수 있으며 같은 선택이라도 더 현명하게 할 수 있다. 섣
불리 결정했다가 번복하려면 처음 결정할 때보다 훨씬
더 힘들어진다. 특히 경쟁자가 결정을 무작정 강요할 때
는 일단 연기하는 것이 좋다. 강요하는 강도만큼 결정
할 내용을 검토할 시간을 빼앗으려는 것이기 때문이다.

선물을 줄 때도 마찬가지다. 대뜸 주는 것보다 무엇
을 어떻게 주느냐가 더 중요하다. 내가 좋아하는 것이
아니라 그가 좋아하는 것을 그 자신이 기대할 때 주어
야 한다. 거부해야 할 때도 그렇다. 언제 어떻게 거부할
지 생각해야 한다. 시간이 흐르면 거절도 쉽게 받아들이
고 거절한 사람도 냉혈한 취급을 받지 않는다.

잘 어울리는 것이 품격이다

모난 돌이 정 맞는다고 한다. 여기서 모가 났다는 것은 특출난 능력이 아니라 어울리지 못하는 성격을 말한다. 백로가 되어 혼자 노는 것보다 까마귀가 되더라도 차라리 함께 어울리는 것이 낫다. 즉 원만하게 처신하라는 뜻이다. 현명하다고 해도 세상과 격리되면 의미가 없다. 지혜도 어울려 있을 때 효능이 있다.

위대한 지혜는 대중의 무지와 함께 보면서 그 대안으로 탄생했다. '완벽하게 홀로 살려는 사람은 신이 되거나 짐승이 되거나 해야 한다.' 이 격언을 바꾸어 말하면 '혼자 편히 지내며 어리석어지는 것보다 번잡하더라도 어울려 지내며 지혜로워지겠다. 키메라*처럼 상상하며 독창성을 발휘할 수 있으니까'이다.

---

* 키메라(quimera)는 그리스 신화에 등장하는 괴물로 사자와 뱀, 염소와 산양 등 여러 짐승이 접목되어 있다.

재주를 두 배로 늘려라

무슨 재주든 지금보다 두 배로 더 늘리려고 해보라. 예를 들어 외국어를 하나만 하는 것보다 두 개를 하면 그만큼 재주가 늘어나는 것이다. 재주를 두 배로 늘리면 호감도나 성공 기회 역시 두 배로 늘어난다. 아무리 재주가 뛰어나다 해도 요즘처럼 하루가 다르게 변하는 세상에서는 한 가지 재주만 믿으면 안 된다.

그럼 어떤 재주를 갖추어야 할까. 하나는 현재 필요한 재주이고, 또 하나는 변화에 대비한 재주다. 달도 변화하며 만물과 교감하고 밀물과 썰물을 일으킨다. 자연이 우리에게 팔과 다리, 눈과 귀를 두 개씩 준 것도 재주를 두 배로 늘려 변화에 대비하라는 뜻이다.

반대를 위한 반대는 하지 마라

세상일에는 언제나 양면이 있으므로 전체를 보아야지 어두운 면만 드러나면 정신이 왜곡된다. 밝은 면만 보려는 대책 없는 낙관주의도 마찬가지다. 양면을 보되 긍정적인 면을 더 드러내야 한다.

보통 영리하면 모든 일에서 문제점을 잘 짚어낸다. 그럴 때 가끔 해결책도 내놓아야지 문제만 계속 드러내면 모순된 행동으로 흐르기 쉽다. 일관성 없이 어제 동의했던 것도 오늘 반대하고 오늘 동의했던 것도 내일 반대하는 식이다. 그러면 자신도 모르게 문제아가 되어 반대를 위한 반대라는 함정에 빠지게 된다. 이 함정에 빠지면 멀리 있는 사람보다는 가까이 있는 사람끼리 적이 된다. 그래서 이런 사람이 가는 조직마다 분규가 일어나고 프로젝트는 중단되기 쉽다. 새로운 기획을 하려면 반항심도 필요하지만 대책 없는 반항심은 버려야 한다.

.

어떤 일도 요점을 파악하면 해답이 나온다

아무리 복잡한 사안도 요점만 파악한다면 수월하게 대처할 수 있다. 요점 파악은 핵심, 즉 본질을 본다는 뜻이다. 회의가 길어지는 것도 사안의 본질을 놓쳐 요점을 정리하지 못하기 때문이다. 각자 나름대로 중요한 이슈를 제기할 뿐 전체가 공감할 핵심은 놓친 채 토론의 덤불 속을 헤매는 것이다.

어떤 일이든 요점별로 정리해야 문제의 본질이 드러나며 변죽만 울리는 함정에 빠지지 않는다. 아니면 엉뚱한 일로 시간만 허비한다. 언제든 핵심을 보아야 그 전후 맥락을 느낄 수 있다.

어떻게 하면 사물의 요점을 잘 파악할 수 있을까? 평소에 이렇게 하라. 무슨 일이든, 어떤 사람이든 그에 맞춰 요점정리를 해두는 습관을 길러라. 혹시 틀릴 수도 있지만 그럴 때마다 바로잡으면 된다. 중요한 것은 습관이니 늘 요점정리를 해두라.

자기 자신에게 좋은 의지처가 되어라

스스로 만족할 줄 알아야 현자가 된다. 자기 짐도 자기가 진다는 뜻이다. 로마와 세계를 보편적으로 대표하는 인물이 있다고 하자. 그런 사람일지라도 자기 자신에게 먼저 보편적으로 홀로 서야만 한다. 그렇지 않으면 누가 존경하겠는가. 스스로 만족할 줄 아는 사람은 자신을 믿는 사람이다.

내가 나를 믿지 못하면 해놓은 일이 의심이 들어 확인하고 또 확인하며 시간을 낭비한다. 마치 외출한 후 대문은 잠갔는지, 수돗물은 잠갔는지 의심스러워 또 확인하러 가는 것처럼. 자기를 믿지 못하면 남과 더불어 하는 일도 의구심 때문에 진도가 잘 나가지 않는다. 자신감이 있어야 인생의 지혜가 시작된다.

먼저 자신을 믿어야 의지도 할 수 있다. 의지처를 자신 안에 둔 사람이야말로 의심도, 불안도 없이 살아간다. 이것이 지자지족(知者知足)이다.

때로는 내버려두어야 한다

비가 오면 우산을 쓰고라도 가는 게 맞지만 폭풍우가 몰아칠 때는 잠시 피해야 한다. 냐두면 자연 치유가되는 병도 어설프게 치료하려다가 더 나빠진다. 치료해야 할 때와 냐두어야 할 때를 잘 구분하는 의사가 훌륭한 의사다.

인생에 파고가 높다면 개입하는 것이 좋은지, 냐두는것이 좋은지를 먼저 가늠해보라. 냐두어도 그치지 않을것 같으면 전력을 다해 개입하라. 하지만 어차피 지나갈파도라면 기다려라. 분별없이 격정적으로 뛰어들었다가더 큰 파랑을 일으킬 수 있다. 냐두면 제풀에 지쳐 사그라진다.

물러설 때 물러설 줄 아는 것이 정복해야 할 때 제대로 정복하는 것이다. 극심한 혼란의 최고 처방도 마찬가지다. 흙탕물이 일 때 휘저으면 저을수록 더 흐려지지만 그대로 냐두면 저절로 맑아진다.

컨디션을 잘 조절하라

살다 보면 하는 일마다 잘되는 때가 있는가 하면, 아무리 애써도 잘 안 될 때가 있다. 마치 행복과 불행이 따로 있는 게임인 것처럼. 하지만 운이 더 좋고 나쁘고는 없다. 사소한 실마리 하나를 행운이냐 불행이냐의 징조로 보지 말고 행복한 우연이냐 약간의 골칫거리냐로만 보라.

춘하추동처럼 인생도 돌고 돈다. 따라서 시대 흐름과 개인 컨디션도 맞물리며 돌아간다. 아름다움이나 완벽함이나 추함이나 불건전함도 때에 따라 다르다.

똑같은 지혜조차 어떤 때는 가치가 있다가 다른 때에는 아무 쓸모가 없을 수 있다. 운수 좋은 날과 재수 없는 날도 늘 반복된다. 그러니 잘된다고 우쭐거리지 말고 안 된다고 포기하지도 마라.

취향을 잘 들여라, 행운이 깃들도록

좋은 취향은 유익한 길로 안내하고 나쁜 취향은 악한 길로 끌고 간다. 벌은 벌집을 지으려고 꿀을 찾고 독사는 독을 만들려고 쓸개를 찾는다. 이런 식으로 취향에 따라 필요한 것을 단박에 뽑아낸다.

사람들 취향은 어떻게 만들어졌을까? 그 출발점이 생각이다. 생각이 습관이 되고 습관은 다시 생각을 길들인다. 어떤 생각에 길들여졌느냐가 곧 취향을 결정한다. 취향도 관점을 바꾸면 변화시킬 수 있다.

자기 삶의 대차대조표를 의미 있는 것 중심으로 작성하고 위 항목에 주목하면 행운을 불러오는 취향을 갖게된다. 하지만 인생의 오만가지 중 결점에 주목하면 나쁜 취향에 저격당한다. 취향을 좋게 만드는 데는 책이 최고다. 그 안에 오만가지 생각거리가 담겨 있다. 책이 곧 좋은 취향을 위한 양식이다. 취향을 잘 들이면 어떤 일이든 단박에 무엇이 좋은지 식별할 수 있다.

➤➤ I4I ➤➤
자아도취에 빠지지 마라

자기가 한 말에 스스로 취하는 사람이 많다. 그런 사
람들끼리 만나면 서로 자기 말만 하고 만다. 아무리 내
말이 옳아도 타인의 공감을 얻지 못하면 어떤 말도 다
른 이 귓가를 스쳐 가는 바람에 불과하다. 그런 줄도 모
르고 자아도취에 빠져 있을 때 교양이 없다고 한다. 그
런데도 자기만 최고라고 으스대면 그때부터 아무도 그
의 의견을 귀담아듣지 않는다. 그가 무슨 말을 하려 하
기만 해도 고개부터 돌리려 한다. 혹 상사라면 듣기는
하겠지만 한쪽 귀로 듣고 한쪽 귀로 흘려버린다. 아무
도 들어주지 않는 푸념만 늘어난다는 뜻이다.

그래도 혼자 있을 때 중얼거리면 독백으로 끝나지만,
모임에서 계속 주절거리면 천하의 바보가 된다. 이들은
상투적으로 '내가 여러 번 말해왔던 바와 같이…'라고
입을 열어 듣는 사람들을 지루하게 만든다. 그러면서도
누가 아첨하고 칭찬하기를 기대한다.

잘못했으면 바꿔야지 고집부리지 마라

동료가 싫더라도 옳은 방식을 택하면 반대하지 마라. 그래 봐야 자기만 손해다. 사람에 대한 감정과 일의 옳고 그름을 구분해야 한다. 상대가 싫든 좋든, 좋은 일이면 동조하고 나쁜 일이면 거부해야 한다. 개인감정에 치우치면 어떤 일도 성취하기 어렵다.

경쟁 관계에서도 마찬가지다. 경쟁에서 승패는 늘 있는 일이니 상대보다 자신이 잘못 선택한 것이 확인되면 빨리 변해야 한다. 자존심 때문에 완고하게 버텨봐야 더 뒤처질 뿐이다. 누구나 잘못 선택할 수 있다. 그럴 때 바보는 무엇이 잘못인지 분간도 못 하고 더 나쁜 길로 가지만 현자라면 빨리 깨닫고 바로 개선한다.

이런 유연성이 기존의 틀을 깨는 변화력이다. 유연성이 첨단 무기라면 완고성은 재래식 무기다. 완고한 바위를 유연한 새싹이 뚫고 나온다는 것을 기억하라.

극과 극으로 모순되지는 마라

양극단으로 오가는 것은 피하라. 아무리 저속한 일로 진절머리났다고 해도 역설*적으로 극단을 택하지는 말자. 극단을 오가면 비합리적이고 변덕이 심한 사람이라는 평가를 받는다. 정서적으로도 극과 극을 오가는 것이 양극성 성격이다. 정치, 이념, 신념, 취향, 애정 등에서도 이쪽 끝에서 저쪽 끝으로 하루아침에 변하는 사람이 있다. 그들이 처음 이동했을 때는 신기한 인물로 귀순자처럼 대우받지만 자꾸 반복되면 중심이 없고 공허한 사람이라며 무시당한다.

---

* 역설(paradojo)은 자기 모순적인 패러독스로 터무니없이 정반대인 경우를 말한다.

전투에서 양보하고 전쟁에서 이겨라

여럿을 취하려면 먼저 하나는 내주어야 한다. 미끼 없이 어떻게 물고기를 잡겠는가. 전투에서 지더라도 전쟁에서 이기는 길을 택하라. 예쁜 고무신을 원숭이에게 공짜로 주어라. 맨발로 다닐 수 없게 될 때까지. 그러면 원숭이가 고무신을 사러 오게 되어 있다. 몇 번 양보한 다음 마지막까지 모조리 취하는 전략이다.

처음에는 아무나 오라고, 빈손으로 누구나 오라고 했다가 결국… 이것이 거룩한 간계*다. 눈앞에 이익이라는 은폐물을 던져 그의 의지를 조종하려는 의도를 숨기는 것이다. 사람이 절박할수록 은폐물에 잘 넘어간다. 눈앞에 먹음직한 이익이 보여도 자신의 비전과 견해에 따라 식별할 수 있어야 미끼에 물리지 않는다. 안 그러면 작은 전투에서 이겨도 큰 전쟁에서는 번번이 진다.

---

*   santa astucia. 산타는 거룩하고 아스투시아는 교활하다.

상처 난 손가락을 드러내지 마라

누구나 상처가 있지만 당신이 그 상처를 드러내는 순간, 다른 이들은 자신들은 마치 상처가 없는 것처럼 당신 상처만 주시한다. 그리고 그 상처가 당신의 전부인 것처럼 침소봉대針小棒大한다. 그 후 당신은 상처투성이 인물이 된다. 그래서 좋은 면이 간과될 뿐만 아니라 일상적인 실수나 실언도 그 상처와 연결한다.

상처 때문이 아니라며 아무리 진실을 밝혀도 사람들은 변명으로 치부하고 '상처 때문'에 저런다며 가엾게 여긴다. 화를 내도 소용없다. 그러면 '트라우마가 심한 모양'이라고 낙인찍는다.

그러니 상처가 있다고 불평도 하지 말고 드러내지도 마라. 불평하면 조롱당하게 되고, 경쟁자들은 그 상처를 표적으로 삼아 공격하고 또 공격하며 자극한다. 아픈 상처는 물론 잠재적인 기쁨의 근원도 결코 드러내지 마라.

속임수에 가린 사태의 본질을 보라

어떤 일이든 그 속을 들여다보아야지 눈에 보이는 것만 훑고 지나가면 안 된다. 누가 속임수에 잘 넘어갈까? 비교하기를 좋아하고 확증편향이 강한 사람들이다. 사기꾼들은 이런 욕망을 파악하는 데 천재적이다. 비교 욕구가 강한 사람들은 늘 타인의 평가에 예민하다.

기만은 언제나 사실적 내용 없이 표피적이다. 이처럼 속임수는 매우 피상적이라 깊이 숨어 있는 진실을 놓치기 쉬운 피상적인 사람들이 쉽게 빠진다. 무엇에든 한번 속으면 사실에 둔감해져 그것을 깨닫기까지는 시간이 걸린다. 비교하려는 마음을 줄여야 피상적인 태도가 고쳐지고 표피적인 것이 감춘 실체를 볼 수 있다.

자신을 너무 신성시하지 마라

인간에게는 각자 고유한 특성이 있으며 이것이 신성의 불꽃이다. 하지만 이것이 신이라는 뜻은 아니다. 그만큼 자기가 최고라는 기질이 있다는 것이다. 이것 때문에 서로 '내가 더 옳다'며 부딪친다. 신성을 영성이라고도 하며, 이는 곧 인과관계를 유추하는 힘이다. 이 영성이 객관성을 잃으면 종교 전쟁과 같은 치열한 분쟁이 일어난다.

주관에 깊이 빠진 영성은 자기와 주변을 성역화해서 아무도 범접하지 못하게 막는다. 고집 센 당나귀를 길들일 수 없듯이 객관성 없는 영성에 빠지면 고치기 어렵다.

다른 사람의 조언이 필요 없을 만큼 완벽한 사람은 아무도 없다. 뛰어난 지성이라도 우정 어린 조언을 들어야 하며 현명한 군주라도 책사를 기용하고 이용하는 법을 배워야 한다. 아무리 대단한 인물도 범접하기 어려우면 착각하거나 위기에 빠졌을 때 도와줄 사람이 없다.

우정에 마음의 문을 열어라. 벗들이 다가와 조금도 어색해하지 않고, 충고하고 꾸짖기까지 할 수 있어야 한다. 우정에 대한 신뢰가 이런 일을 가능하게 한다. 그렇다고 아무나 신뢰하지는 마라. 자기만의 거울로 오류를 잡아주고 바른길도 보여줄 수 있는 자를 은밀히 구분해 두라.

말에는 핵심이 있어야 한다

논점을 잃어버린 말은 초점을 잃은 눈빛과 다름없다. 초점 있는 말이 유창한 웅변보다 더 가치가 있다는 것이다. 서로 말을 나누다 보면 상대의 인성을 알게 된다. 중언부언하면 주의력이 산만한 사람이다. 초점이 잡힌 말을 하면 중심이 서 있는 사람이다.

영혼의 맥박이 혀에 있다. 그래서 뛰어난 점술가나 상담가들은 이렇게 말한다.

'무엇이든 말해봐요. 내가 다 알려줄 테니까.'

대화에도 기술이 필요하다. 말에서 인성이 드러나는 만큼 인성도 언어 습관을 교정하면 바로잡힌다. 누구와 어떤 이유로 말하는지를 염두에 두어 말의 전개와 어조에 초점을 잃지 않도록 해보라. 그러면 분별력 있는 대화가 가능하다.

✥ 149 ✥

희생양이 필요할 때도 있다

예부터 군주들은 통치과정에서 발생하는 나쁜 일에
대처하는 방패가 있었다. 바로 희생양이다. 그것은 악의
적인 사람들이 생각하는 것처럼 무능력한 일이 아니다.
더 많은 사람이 불평분자들에게 동요되어 증오가 범람
하지 않도록 미리 방지하는 고도의 정책이다. 모든 것이
예상대로 잘 돌아갈 수만은 없고 모두 다 만족할 수도
없다. 이를 대신할 불운한 표적, 즉 희생양은 하나의 필
요악이다.

≥ 150 ≤

자기 가치를 충분히 돋보이게 하라

누구나 사람 속을 들여다볼 수는 없기에 내적 가치만으로는 충분하지 않다. 어떻게 드러내느냐도 중요하다. 작은 역량을 충분히 발휘해 큰 성과를 내는 사람이 있는 반면 좋은 역량이 있으면서 썩히는 사람도 있다. 그러면서도 누가 알아주지 않는다고 불평한다.

자기 가치를 드러내지 않는데 누가 그 가치를 들여다보고 끄집어낼 수 있겠는가? 자신의 어떤 가치를 드러내 그 분야에 나름대로 명성을 구축하라. 그러나 지나친 가식은 피해야 한다. 오로지 자신만의 독창성으로 평범함을 극복해야 자기 가치가 더 돋보인다.

대다수는 대중이 가는 대로 가고 다른 이들이 보는 대로 본다. 그러면서도 자기만의 취향과 지성을 갈망한다는 착각을 한다. 이러한 착각에서 무엇이든 독창성이 있는 것을 찾으려 한다. 사실 별 차이가 없는데도 독창적이라 느껴지면 더 갈망하는 것이다.

4장

배울 것은 배우고
버릴 것은 버려라

우연과 위험을 미리 생각해두라

내일을 위해 오늘 미리 생각하는 것, 여기에 미래가 달려 있다. 오늘부터 내일을, 모레를 그리고 먼 미래까지 생각하는 것이다. 시대를 내다보려는 데서 선견지명先見之明이 나온다. 인생에 우연한 일이 많다 해도 주의력이 있으면 불행을 피해가고 혹 어려움에 봉착해도 뚫고 나갈 길을 어렵지 않게 찾는다. 강물에 빠져도 물이 머리까지 차오르기 전에 대책을 세우면 된다. 그러면 만시지탄晩時之歎에 빠지지 않는다.

많은 이가 일부터 저지르고 나서 생각하지만 그 결과는 성과보다 변명할 일이 더 많아진다. 당신 베개가 곧 예언자이니 미리 생각하며 잠드는 것이 잠자다가 깨어나서 생각하는 것보다 낫다. 어떤 삶이 되었든 반추와 전망의 연속으로 이어지는 것처럼 보람찬 인생은 없다.

❧ 152 ❧
그늘지게 하는 사람 말고
돋보이게 하는 사람과 어울려라

당신을 자꾸만 그늘로 몰아넣으려는 사람은 멀리하라. 그가 뛰어날수록 더욱더 동반자로 두어서는 안 된다. 어떤 배려를 한다 해도 어디까지나 조력자 정도에 머무는 수준에 불과하다. 그는 결코 당신이 그를 앞서도록 놓아두지 않는다. 그런 사람은 끝내 다른 사람을 밟고 올라선다. 영리하고 사악한 이들은 늘 남의 신용을 떨어뜨리고 자신의 명예를 높이려 한다. 그런 자들과 어울리지 마라. 밤하늘의 달은 별 사이에서 반짝이지만 해가 뜨면 그 빛을 잃는다. 나를 가리는 사람이 아니라 밝게 빛내줄 사람과 어울려라.

세상에 사람은 많고 할 일도 많으니 가능하면 다양한 사람을 만나 여러 일을 경험하면 좋다. 오래 산다는 것은 생존 나이보다 얼마나 더 많이 경험했느냐다. 당신 처지에 따라 거리를 두어야 할 대상이 따로 있다. 하지만 원칙은 같다. 당신을 그늘지게 하는 사람을 멀리하고 돌보여줄 사람을 가까이에 두어라.

어떤 일을 진행할 때는 명망가와 어울리고 이미 성취했다면 평범한 자들과 어울려라.

〜 153 〜
거인이 떠난 자리를 맡을 때는
조심해야 한다

어떤 일을 물려받을 때 전임자가 어떠했느냐가 중요하다. 거인이었다면 빈자리가 클 것이다. 남겨진 공백을 메우려면 두 배 힘이 든다. 따라서 떠나간 거인을 능가할 결심이 서면 뛰어들어라. 거인을 계승하면 거인의 업적에 가리지 않도록 해야 하지만, 그렇게 한다 해도 두 가지를 더 참작해야 한다. 계승해준 자는 계승한 자가 자기 업적을 회고해주면 좋아하고, 남은 자들 또한 과거에 대한 향수로 거인의 업적을 추억하기를 좋아한다는 것이다. 따라서 만일 거인을 계승했다면 공적 여론에서 그가 남겨준 영향력을 줄이는 추가 조치가 있어야 한다.

154

가볍게 처신하지 마라

어떤 말이라도 쉽게 믿지 말고 누구라도 가볍게 좋아하지 마라. 세상에 거짓은 흔한 일이니, 너무 귀가 얇아 어떤 말에나 쉽게 끌리면 가벼운 사람이 된다.

빨리 끓는 냄비가 금세 식고 천천히 끓는 뚝배기가 오래간다. 설령 그렇게 하더라도 상대가 알게 해서는 안 된다. 알게 되면 내가 사기꾼이냐고 반발하거나, 못 믿을 사람이라며 수치심을 드러낼 수 있다.

더구나 상대를 거짓말쟁이로 몰게 되면 믿지 못하는 자와 믿을 수 없는 자로 나뉘어 공개적인 갈등이 시작된다. 성급한 판단은 자제하되 겉으로는 호의로 대하며 불신을 표시 내지 말아야 한다. 정신의 성숙은 신용이 쌓여가며 서서히 이루어지는 것이다. 무슨 말을 전할 때도 정확한 정보원에 근거해야 한다.

분노의 기술

어떤 기술이든 습득하면 맘대로 사용할 수 있다. 분노의 기술도 마찬가지다. 툭하면 화를 내는 것과 화를 잘 다스리는 것은 다르다. 분노의 기술이 없으면 화내야 할 때는 안 내고 화낼 필요가 없을 때만 화를 낸다. 그러면 아무 때나 짖어대는 짐승과 다를 바 없다. 불필요한 감정을 자꾸 드러내면 어떤 일도 합리적으로 진행되지 않는다. 자꾸만 화가 나는가. 먼저 자신이 무엇 때문에 누구에게 화가 나는지를 알아야 한다.

대부분 별일도 아니거나 자신의 심성에서 비롯한 일들이 많다. 상태 탓이 아니라는 말이다. 이런 자기반성에서부터 분노를 다스리는 기술이 시작된다. 정말 분노해야 할 문제라면 시기와 방법을 따져봐야 한다. 언제 화를 어느 수준에서 내고 어떻게 마무리할지까지 기획하고 그대로 할 수 있다면 그 분노로 인한 긍정적 효과를 낼 수 있다.

친구 따라 강남 가는 것이니 우정을 잘 선택하라

내게 끌리는 친구보다는 통찰력 있는 친구를 더 가까이해라. 그런 친구는 행운과 불행의 교차로를 통과하는 동안에도 함께하며 분별력을 갖게 해준다. 이것이 삶에서 중요한데도 별다른 관심을 두지 않는 사람들이 많다. 친구를 어울리는 즐거움에서만 찾는다면 진정한 우정이 아니다. 즐거움만을 위한 우정보다는 삶의 아이디어와 열정이 많은 우정을 선택하라. 친구를 보면 그 사람을 알 수 있다. 좋은 우정은 좋은 생각과 알곡을 거두면서도 흥겨운 것이며 나쁜 우정은 나쁜 생각과 쭉정이를 거두면서도 퇴폐적이다. 친구가 현명하면 걱정을 덜어주나 어리석으면 불필요한 걱정까지 만들어낸다.

벗을 신중히 선택하지 않을 수 없는 이유도 여기에 있다. 벗들이 인의를 좋아하면 함께 이치에 맞춰 세상일을 풀어가지만 불의를 좋아하는 벗들과 어울리면 세상일이 더 꼬인다.

편견에서 비롯된 오해를 주의하라

인간관계가 어려워지는 것은 대부분 오해 때문이다. 오해는 편견에서 비롯되는데, 문제는 편견 없는 사람이 없다는 것이다. 그런데 나는 절대 오해하지 않는다고 생각한다면 스스로 속는 것이다. 나도 오해할 수 있다는 것을 인정해야 편견이 줄어든다.

사물을 이해하는 것과 사람을 이해하는 것은 차이가 크다. 사물의 작동은 물리, 화학 등의 원리를 알면 되지만 인간은 그렇지 않다. 각기 체질도 다르고 심리도 다르기 때문이다. 오해를 오해하면 이해가 되듯이 누군가를 오해한 듯하다면 그 오해를 다시 오해해라. 이해의 실마리가 거기에 있다.

ᴖᴖ 158 ᴖᴖ
친구를 활용하는 방식

우정은 인생의 목적도 아니고 수단도 아니다. 그저 삶을 교류하는 동반 감정이다. 우정을 수단으로 삼으면 친구를 이용하는 것이고, 목적으로 삼으면 친구에게 이용당하기 쉽다. 그래서 우정을 이용하지 말고 서로 활용해야 한다.

친구 중에도 자주 만나야 좋은 사이가 있고 가끔 만나야 좋은 관계도 있다. 대화가 편한 사이가 있는 반면, 문자 교환이 더 편한 친구도 있다. 평소에 좋았다가도 만나기만 하면 꼭 냉소적인 친구도 있기 때문이다. 이런 경우를 잘 살피면서 우정을 활용해야 한다. 그래도 소모적인 쾌락보다는 우정이 훨씬 유용하다. 우정에 '연대감과 자비심과 진실'이라는 세 요소가 있다.

이 세 기준에 적합한 친구는 흔치 않다. 그런 친구가 있다 해도 알아보지 못하면 좋은 우정을 갖기가 그만큼 어려워진다. 좋은 친구를 자꾸 사귀려 하는 것보다 이미 맺어놓은 좋은 우정을 지키는 것이 더 중요하다. 편하게 만날 친구를 두어라. 물론 새롭게 사귄 친구도 오래갈 수 있다는 자신을 가져라. 정말 좋은 친구는 소금처럼 듣기 싫은 쓴소리도 해주는 사람이다. 친구 없는 인생은 오아시스 없는 사막과 같다. 우정이야말로 삶의 좋은 것은 두 배로 늘리고, 나쁜 것은 절반으로 줄여주는 오아시스이다.

어리석은 자에게도 잘 참을 줄 알아야 한다

능력이 있으면 무능한 것을 잘 참지 못할 때가 많다. 게다가 지식까지 많으면 어리석은 것을 금세 알아채고 답답해하며 화를 내기 쉽다. 그러면 팀워크는 깨진다.

에픽테투스는 '지혜의 절반이 인내'라면서 인내해야만 원하는 것을 얻을 수 있다고 설파했다. 세상에 어떤 것에 현명한 사람은 많지만 모든 것에 현명한 사람은 없다. 그러니 어리석은 자들에게도 잘 견뎌내야 하는 것이다. 안 그러면 만날 사람이 없어진다.

온갖 어리석음을 참아내려면 인내가 필요하다. 우리는 의지하는 사람에게는 잘 참는다. 하지만 우리를 의지하는 사람에게도 잘 참을 줄 알아야 한다 그래야 평화가 있다. 그래도 인내할 수 없으면 자기 안에만 칩거하는 수밖에 없다.

한번 내뱉은 말은 주워 담을 수 없다

듣기는 신속히 하고 말하기는 천천히 하라. 그래야 말실수를 줄일 수 있고 대화의 주도권을 쥐고 효과를 볼 수 있다. 반대라면…. 듣기는 더디고 말하기만 빠르다면 독백 같은 말만 많아져 그만큼 쓸 말이 적어진다. 홍수에 마실 물이 적은 것처럼.

언제나 말을 삼가서 해라. 경쟁자와 있을 때는 신중하기 위해, 다른 이들과 있을 때는 체면을 지키기 위해서다. 언제든 말은 덧붙일 시간은 있지만 주워 담을 시간은 없으니 유언장을 작성하듯이 말을 하라. 말이 적으면 분쟁도 적다. 큰일에서 요긴한 말을 분명히 하도록 작은 일에서부터 자신을 훈련하라.

결점은 잘 관리하라

결점은 관리해야 하는 것이고 단점은 보완해야 하는 것이다. 단점이 조금 모자라는 것이라면 결점은 없거나 잘못된 것이다. 완벽하다는 사람도 단점은 말할 것도 없고 결점도 한두 개 있다. 자기 결점을 알고도 대수롭지 않게 여기거나 심지어 '그래, 나는 이게 결점이야. 나 원래 그런 놈이니 알아서 해'라며 장난치듯 하는 이도 있다. 이것은 결점까지 합리화하는 이중의 악으로 이런 비뚤어진 자기 애착이 단순한 결점을 치명적인 결점으로 만든다.

산이 높으면 골이 깊듯이 위대한 사람의 결점은 더 커 보이고 눈에도 잘 띄지만 이들은 결점이 오점이 되지 않도록 관리를 잘한다. 그래서 위인이 된다. 당신도 결점이 오점으로 남지 않도록 주의하라. 그러면 그만큼 성취감을 느끼게 된다.

최고 복수는 상황 역전이다

물리적인 복수는 저급한 것이며, 최고 복수는 적보다 내가 위에 서는 것이다. 경쟁자나 적을 욕하거나 경멸하는 행위는 일시적이다. 상황을 역전하지 않으면 복수심이 원한으로 쌓여 자신만 더 괴롭게 된다. 언제나 부러워하는 자가 지는 자이고, 지는 자가 부러워한다.

특히 경쟁 관계에서 부러워하는 사람은 한번 죽지 않는다. 부러움을 받는 사람이 갈채를 받을 때마다 죽는다. 적의 명성이 휘날릴 때마다 고문을 당한다. 적대관계에서 이기는 자의 영광이 곧 지는 자의 지옥이 된다.

경쟁자를 경멸할 에너지로 경쟁자의 장단점을 파악하고 극복할 방안을 찾아라. 그동안은 경쟁자를 험담하기보다 추켜세워야 한다. 그래야 경쟁자를 방심하게 하여 역전 기회를 마련할 수 있다. 그렇게 이룬 역전이야말로 최고의 영웅적 복수이다.

네 운명을 동정심에 기대지 마라

어떤 이의 행운이 또 다른 이에게는 불행이 된다. 이 것이 경쟁 사회의 운명이다. 다른 사람이 불행해져야 누 군가 행복해지는 비극 같은 현실 앞에서 오로지 타인의 선의만 자극해 보상받으려는 사람들이 있다.

이들은 동정심에만 호소하느라 운명의 카드가 종종 뒤바뀐다는 것도 모른다. 당장 행운을 누리는 자들의 선의에만 기대지 않는 이들은 운명의 카드가 어떻게 섞 이는지 주목하며 행운의 카드를 쥘 기회를 노린다.

세상에 영원한 제국이 없듯이 승자의 카드도 패자의 카드도 회전한다. 잘 보라. 한때 정상에 서서 시기받던 사람 중 오늘 추락해서 동정받는 사람도 많다. 그런데 도 승자의 카드를 쥔 사람과만 결탁하려고 쫓아다니는 사람들도 있다. 어떻게 보면 순진한 것 같지만 사실 어 리석은 짓으로 운명의 카드가 늘 뒤섞이는 세상을 헤쳐 갈 지혜는 아니다.

164

공중에 지푸라기를 던져 보아라

바람을 가슴에 안고 달리는 것보다 등에 지고 달리는 것이 훨씬 수월하다. 뛰기 전에 먼저 언덕에 올라 지푸라기를 던져 보아 바람 부는 방향을 알고 나서 어느 쪽으로 달릴지 결정해야 한다.

여러 일을 놔두고 선택해야 할 때 그중 하나를 선택하고, 그 일을 해나갈 방식을 선정해야 할 때도 지푸라기를 날려보는 방식이 필요하다. 큰 전쟁을 앞두고 선발대를 보내 여러 곳에 국지전을 도발해보는 것과 비슷하다. 먼저 여러 방식을 조금씩 선행 테스트해 반응을 점검해야 한다. 그 과정에서 어떤 근거로 이 일을 해야 하는지, 진행한 뒤 어떤 점을 더 주의해야 하는지 미리 확인해볼 수 있다.

놀이의 규칙을 지켜라

인간은 '놀이하는 존재'다. 모든 놀이가 그러하듯 인생의 게임에도 규칙이 있고 게임을 하는 자와 관전자가 있다. 우리는 모두 자기 생의 게임을 하며 동시에 다른 삶을 관전하는 이들이다.

인생 게임의 특징은 한 번으로 끝이 아니라 살아 있는 동안 계속되며, 패배할 의무가 없듯 승리할 권리도 없다는 것이다. 장기 경주인 인생 게임에서 질 수도 있고 이길 수도 있으므로 함부로 독화살을 쏠 자유가 없으며 게임을 명예롭게 치러야 한다. 자기 방식대로 싸우되 규칙을 따르는 의협심을 보여야 한다.

자꾸 비열하게 기만하거나 얍삽하게 이긴다면 관중에게 역겹다는 인상을 남긴다. 이 게임이 아무리 치열하다 해도 인간의 가슴 깊은 곳에 있는 의협심과 자비와 충성심은 사라지지 않는다. 그래서 인생 게임에서 중요한 것은 승리 몇 번보다 명예를 선양해나가는 것이다.

말만 좋은 사람과
행동이 좋은 사람을 분간하라

나쁜 짓을 안 해도 나쁜 말을 하면 나쁘지만 나쁜 짓을 하면서 좋은 말만 하는 자는 더 나쁘다. 말의 상찬만으로는 만찬을 벌일 수 없는 것처럼 행동 없이 말만 좋으면 거울에 화살을 비추어 새를 잡으려는 것처럼 허상에 지나지 않는다. 열매 없이 잎만 무성한 나무는 그늘 외에는 쓸모가 없다.

사람은 성공의 사다리에 높이 오르면 좋은 말, 그럴듯한 낯빛과 복장에 잘 넘어가 충신보다는 간신을 주변에 두려고 한다. 따라서 사람을 직업과 성격만으로 평가하기에 앞서 말뿐인 사람인지, 행동하는 사람인지 먼저 판단해야 한다.

예의 바른 것처럼 바람 잡는 말로만 대중을 홀리는 사람이 득세하면 사회가 위선적으로 변한다. 언어는 일에 대한 서약이고 서약은 성과로 나타나야 한다.

자기 역할만큼은 해내는 버릇을 들여라

내가 맡은 역할은 무엇인지 또는 내가 해내야 할 역할은 무엇인지를 알고 그 일만큼은 스스로 해내라. 어떤 역할을 맡기 전에, 역할을 이해하고 수행방식을 고려해서 해낼 수 있을지 보고 나서 수락해야 한다. 이 역할에서 성과를 거두면 그중 내 몫은 어느 정도인지도 알고 있어야 한다.

자기 역할을 못 하면 그에 따른 내 몫도 없다는 자세를 가져라. 그래야 자기 영역을 방임하지도 않고 타인이 내 영역을 침범하지도 못하게 막을 수 있다. 자기 역할에 대한 책임은 결국 본인 몫이다. 맡은 일을 완수하는데 그 일에 대한 책임의식이야말로 가장 힘찬 동반자다.

～ 168 ～

허영에 찬 괴물이 되지 마라

가지각색인 어리석음이 능력의 반대는 아니다. 능력이 있어도 어리석은 자가 많다. 세상 법은 잘 아는데 상식이 없고, 암기는 잘하는데 통찰력이 없고, 말은 잘하는데 공감력이 없는 것도 어리석은 것이다.

한 분야에 능력이 있는데 전반적으로 어리석어 허영심이나 자만심, 변덕이나 완고성이 생겨나며 그 결과 간섭주의, 모순적 행태, 신뢰상실로 이어진다. 기묘하게도 이 특징이 종교적 맹신과 같아서 허영에 차면 자제력이 부족해져 누구의 안내도 거부할 뿐 아니라 세상 모두가 조롱한다 해도 신경 쓰지 않는다. 자기만의 상상 속에서 스스로 고무되어 있기 때문이다. 이것이 자화자찬의 극치다.

이들은 친화성도 강해서 한번 뭉치면 거대한 무례의 괴물이 된다. 이런 괴물의 정신적 혼란을 누가 막아주겠는가.

169

너무 잘하려고 하지 말고
실수를 더 조심하라

너무 잘하려다 보면 예기치 못한 실수를 저지를 수 있다. 지금보다는 좀 더 잘한다 싶을 정도여야 실수가 적다. 인간관계도 백 번 잘하다가 한 번 잘못하면 서먹해진다. 유별나게 잘해주던 사이라면 더욱 그렇다. 예수도 '네 집안 식구가 원수'라 하지 않았던가.

태양이 빛을 낼 때는 아무도 쳐다보지 않다가 일식日蝕을 할 때면 모두 바라본다. 잘한 일은 그러려니 하고 별말이 없다가 잘못하면 되씹어가며 비난한다. 잘해준 일은 침묵하고 어쩌다 한 번 잘못하면 큰일을 만난 것처럼 떠들고 다닌다. 그러니 발 없는 말이 천 리를 간다는 것이다. 너무 잘하려다가 실수하면 그만큼 더 섭섭해하니 기본적으로만 잘하고 그 대신 큰 무례를 범하지 않도록 해야 한다.

만사에 대비책을 마련해두라

자연이 순리대로 돌아가는 이유는 무엇이든 대비해두기 때문이다. 가을이면 나무는 잎새를 떨쳐 겨울을 대비하고, 곰은 지방질을 비축해 겨울잠을 대비한다. 인간의 신체도 예외가 아니다. 불의의 사고를 만나면 순간적인 면역체계가 가동하는데. 원시인 때부터 갑자기 맹수와 부딪쳐 상처를 입었을 때 감염에 대비한 것이다.

사람의 일이라는 것이 단 한 번으로 생사가 결정되는 적은 흔치 않다. 그러한 건곤일척乾坤─擲의 승부에서는 퇴로를 차단하고라도 전력을 기울여야 한다. 하지만 대부분은 성과를 내면 상승하고 못 내면 하락하는 정도로 출렁인다.

단박에 모든 역량과 자원을 소진해서는 안 된다. 내 자원 중 일부를 예비 부대로 남겨두어야 패배의 두려움에 갈팡질팡하지 않고 두 배로 힘을 낼 수 있다. 이것이 예비의 역설로 후방의 예비부대가 전방 공격부대의 힘을 증가시킨다는 것이다.

　대비책은 여행 중인 나그네에게 고향과 같다. 어떤 일
이든 설령 실패한다 해도 다시 시작할 기반만 있다면
과감히 시도할 수 있다. 이런 의미로 절반의 대비책이
부닥칠 일들의 전체 합보다 더 크다고 하는 것이다.

호의라는 닻

어떤 호의도 가볍게 취급하지 마라. 호의는 좋은 의도가 있어서 만나면 반가워하고 작은 것이라도 주고 이야기라도 나눠보고 싶어 하는 것이다. 이런 호의야말로 영향력을 행사할 수 있는 하나의 닻이다.

작은 호의라도 귀하게 보고 잘 챙겨두라. 빵 다섯 개와 물고기 두 마리로 오천 명을 먹이는 것이다. 작은 호의가 모이면 큰 호의가 된다. 사람이 악의를 품게 되는 것도 사소한 일로 시작된다. '내 성의가 작다고 무시하다니… 두고 보자.' 이런 식이다.

소소한 성의일수록 귀히 여기면 상대방은 더 감격한다. 호의도 눈덩이처럼 작게 시작해 커지는 것이다. 호의를 어떻게 대하느냐에 따라 삶이 새로워지거나 더 나빠지기도 한다. 호의는 잘 대하는 자에게는 지혜를 주지만 함부로 대하는 자에게는 있던 지혜도 앗아간다. 호의를 모을 줄 알아야 지혜도 생기고 명성도 모인다.

잃을 것이 없는 사람과 경쟁하지 마라

아무것도 잃을 것이 없는 사람과 싸우지 마라. 상호 갈등을 넘어서 불평등 문제와 싸우는 것처럼 비약되기 쉽다. 잃을 것이 없는데 수치심은 물론 두려움인들 있겠는가. 어떤 무례한 수단이라도 동원해 상대에게 치명적 흠집을 내려고 덤벼들 것이다. 여기에 말려들면 힘들게 쌓아온 성과가 한순간 무너지기 쉽다. 책임 있는 사람이라면 잃을 것이 많으니 자기 위신을 생각해서라도 더는 잃을 것이 없는 다툼에 개입하지 마라.

그런 싸움에서 이겼다 하더라도 얻을 것은 없다. 다만 자기를 노출하는 등 잃는 것이 훨씬 많다.

변덕이 심한 관계는 멀리하라

창문에 얇은 유리는 넣지 않는 것이 낫다. 바람이 조금만 불어도 깨지기 때문이다. 차라리 빈 창문이 더 안전하다. 연인이나 친구도 마찬가지다. 변덕이 심하면 그 관계가 얇은 유리처럼 잘 깨진다.

관계를 두텁게 해주는 것이 일관성인데 변덕쟁이들은 단지 자기 상상만으로 다른 이의 의도를 오해한다. 그러면 관계의 일관성이 유지되기 어렵다. 변덕쟁이들은 눈동자보다 예민하여 농담으로 어루만질 만하면 상처받고, 진심 어린 말도 꼬아서 들으려 한다.

티끌 같은 일에도 화를 내니 그들과 교제하려면 매우 섬세하게 대해야 하고, 그들의 일거수일투족까지 신경써야 한다. 안 그러면 기분 내키는 대로 어떤 것이든 던져 버린다. 이토록 자기중심적이면서도 자신을 섬세함의 숭배자이자 대단한 완벽주의자라고 자부한다. 이런 자들과 교류하기를 삼가라.

아무리 즐거워도 분별력은 유지하라

사물을 분리하면서 과학이 나왔다. 무엇이든 분리해 보면 분별력이 생기고 다시 조합하면 통찰력이 생긴다. 즐길 때도 마찬가지다. 좋다고 무분별하게 빠져 지내는 것이 방탕이다. 어떤 음식을 좋아한다고 하자. 그 음식을 보자마자 게눈 감추듯 허겁지겁 먹어치워 버리면 식도락食道樂은 누리지 못하는 것이다.

천천히 음미하며 씹고 씹어야 소화도 잘되고 먹는 즐거움도 누릴 수 있다. 어떤 즐거움이든 서두르지 말고 분별해가면서 서서히 누리자. 그 대신 해야 할 일은 먼저 잘 마무리 지어라. 언제나 일은 마무리되면 홀가분하고, 쾌락은 분별없이 빠져들었을 때 끝나면 후회만 남는 것이다.

분별력 없는 쾌락은 절도 없는 즐거움이지만 분별력 있는 쾌락은 절도 있는 즐거움이다. 이런 즐거움이야말로 인생을 살맛 나게 해준다.

내실이 있어야 한다

사람은 화려한 모습으로 빈약한 내면을 감추려 거짓말을 한다. 외화내빈外華內貧이 거짓말의 교사범인 셈이다. 하나의 거짓이 둘의 거짓을 낳는다. 거짓이 쌓이면 망상이 된다. 망상의 시초가 거짓이다.

사기꾼이 사기의 덫에 잘 걸리듯이 허황된 곳에도 허황된 사람들이 모여든다. 유유상종類類相從이다. 사기가 활개 치는 사회일수록 기만적인 사람들이 많다. 사람이 기만적일수록 명성에는 매우 취약하다. 이들은 내실이 있더라도 유명하지 않으면 만족하지 않는다. 물론 유명하다고 다 내실이 있는 것은 아니며 속임수에 불과한 것도 많다. 누가 너무 많이 약속한다면 믿지 마라. 그 많은 것을 증명하기 어려워 믿기가 더 어렵다.

기질적으로 기만적인 이들은 이름 없는 이의 진실보다 유명한 자의 허풍을 선호한다. 이런 무모함이 상호 신뢰를 무너뜨리고 공중누각 같은 사회를 만든다.

자기 객관화가 되어 있는 사람을 가까이하라

삶에서 지식은 필수다. 구구단을 알아야 거래할 수 있고 언어를 알아야 교제할 수 있다. 앎이 곧 지식이다. 지식의 출발점과 종점은 자기 자신이다. 자신을 정확히 이해해야 지식의 편식과 왜곡을 막는다. 자신을 오해하면 지식도 곡해한다. 그래서 소크라테스가 '너 자신을 알라'고 한 것이다. 자기 이해가 선행되지 않은 채 지식을 쌓으면 지식과 자신이 이원화되어 앎 따로 삶 따로가 된다. 그러면 배울수록 고등사기꾼이 되기 쉽다. 이런 사람의 지식은 다른 사람을 홀리는 치장용에 불과하다.

자신을 모르고는 아무리 많이 배워도 진정한 앎에 이르지 못한다. 나를 알아야 바로 채울 수 있고 고칠 수도 있다. 아무리 고치고 채워도 변화에 따라 다시 비우고 채우고 또 고쳐야 한다. 이것이 자신을 알고 지식을 아는 사람들이 보이는 겸양의 미덕이다. 자기 이해가 잘되어 있는 사람들과 가까이하면 후회할 일이 없다.

아무리 친해도 바닥까지 보이지는 마라

사람마다 혼자만 간직할 것이 있는 법이다. 가깝다 해서 믿고 털어놓았다가 상대가 크게 실망하거나 배신할 수도 있다. 인간이란 다 그렇다. 누구에게나 보이는 것보다 더 망가진 모습이 있다. 그런 속내를 얼마만큼은 감추어야 실생활이 원활하다. 절친한 사이의 수호자가 절제다.

절제를 잃어버리면 신뢰도 잃어버린다. 너무 많은 것을 드러내면 얻을 수 있는 것도 그만큼 줄어든다.

아무리 친해도 알릴 필요가 없는 말은 하지 마라. 또 알려주지 않으려는데 굳이 알아내려고 하지도 마라. 신뢰한다면 절제할 수 있고, 절제할 수 없다면 신뢰에 금이 간 것이다. 프쉬케가 의심의 촛불을 켜고 사랑하는 에로스를 확인하는 순간 에로스는 '신뢰를 잃어버린 곳에 사랑이 있을 수 없다'며 창문 너머로 날아갔다. 별들도 자기 모습을 다 드러내지 않고도 각기 독특하게 빛난다. 거룩한 신성에는 단정한 예의가 필수다. 그래서 신처럼 따랐던 사람이 흐트러지면 경멸하는 것이다.

자신이 유능하다고 해서 까짓것 내 전부를 보여주겠다는 것은 위험한 짓이고 무능한 자 역시 진실성이라도 보여주겠다며 전부를 드러내려는 것은 대단히 부적절한 짓이다. 특히 대중에게 바닥을 보여 친숙해지겠다는 것은 저속한 평가를 받겠다는 말과 같다.

네 심장 소리를 들어라

그대의 심장*을 믿으라. 심장이 뛰는 곳에 그대의 마음이 있나니, 그것이 증명되었을 때는 더욱더 심장에 귀를 기울이기를 거부하지 마라. 심장의 고동 소리는 영혼의 메아리이며 예언자의 신탁이다. 별일 아닌데도 마음의 소리를 듣지 않았기에 지레 두려워하고, 별반 다를게 없는데도 보이는 것으로 차별하며 죽인 사람이 얼마나 많던가.

사람들은 자연으로부터 진실을 찾고 불행을 피하는 심장을 타고났다. 그런데도 정복하려고 악을 찾는 것이 아니라 추구하려고 악을 찾는 것은 심장의 소리를 거절하는 어리석은 짓이다. 우리에게 중요한 것은 마음의 확신이며 곧 심장이 뛰는 소리다. 그러니 그대 심장 소리에 귀를 기울여라.

---

* 심장(corazón)은 그리스어 마음(καρδία)에서 비롯했으며 용기, 사랑 등을 의미한다. 고대인은 인간의 마음이 심장에 있다고 여겼다.

179
지켜야 할 비밀은 지켜라

능력이 있으면 과묵해도 눈빛과 기품으로 풍긴다. 빈 깡통이 요란하며 빈 수레가 덜컹거린다. 지혜를 낭비하지 않고 지키는 힘이 자제력이다. 그래서 자제력을 '지혜를 지키는 문'이라고 한다. 가벼운 입술은 비밀을 퍼뜨리는 대자보와 같다.

자제력이 있어야 자기관리도 잘할 수 있다. 자제력의 특징이 자신의 지혜나 능력을 남발하지 않는 것이다. 아무 말이나 지껄일수록 듣는 이에게 그 대가를 치르게 되어 있다. 자제력이 있어야 다른 사람이 비밀을 캐내려고 아이러니의 화살을 쏘고 모순어법을 동원해도 흔들리지 않고, 해야 할 말은 하고 하지 말아야 할 말은 하지 않는다.

우리의 능력을 지키는 옥쇄가 자제력이다. 어떤 경우에도 지켜야 할 비밀은 지켜라. 그것이 혼자만 간직하는 비밀스러운 즐거움이다.

～ 180 ～
경쟁자 의도에 말려들지 마라

사람이 어리석어지면 좋은 말은 잘 안 듣고 나쁜 말만 골라 듣는다. 그래서 어리석으면 사기꾼은 물론 경쟁자에게도 농락당하는 것이다. 경쟁자의 의도는 어떤 모양으로 포장했든 결국 당신을 이기는 것이다.

아무리 그럴듯한 의도를 보여도 쉽게 따르지 마라. 그들의 행동에 지배당하지 말라는 것이다. 평소 어떤 의견이든 다양한 관점에서 살펴보되 그 의견의 개연성보다는 실현 가능성에 중점을 두어라.

진실일수록 과묵하게 다루어야 한다

진실이라고 꼭 말해야 하는 것은 아니다. 진실 중에
도 말해야 가치가 있는 것과 묻어둬야 더 좋은 것이 있
다. 거짓은 가벼워서 알려지면 금세 날아간다. 진실은
그 자체의 무게가 있어 구심력이 강하다. 따라서 진실을
말할 때만큼 신중해야 하는 일도 없다. 또 어느 하나가
진실이라 하여 전체가 다 그 진실과 같은 것도 아니다.
때로는 진실이 심장의 창이 되기도 하기에 숨기는 것도
필요하다.

하나의 거짓이 진정성에 상처를 내며 속이는 것이 배
신으로, 속이는 자는 반역자로 여겨진다. 그렇다고 모든
진실을 다 말해야 하는 것은 아니다. 일부는 자신을 위
하여, 또 다른 일부는 다른 사람들을 위하여 참아야 할
때는 참아야 한다.

네 지혜에 자신감의 날개를 달아라

세상에는 존경할 사람도 많고 대단한 사람도 많다. 그러나 너무 우러러보지 마라. 당신도 그들 못지않은 능력이 충분하다. 세상에 유능하다고 소문난 사람들은 자신의 무능이 드러날까 봐 두려워한다. 그들 중 거의 다 자리가 만들어준 후광을 누리고 있다. 당신도 그 자리에 앉으면 그보다 못할 이유가 없다. 자리가 사람을 만드니 매사에 담대하라. 동시에 자기를 누구보다 완벽한 존재라고 너무 높이 평가하지 않도록 스스로 절제하라. 자신에 대한 것이든 타인에 관한 것이든 과대평가에 마음을 빼앗겨서는 안 된다.

멀리서 위대해 보이던 사람도 만나보면 환멸을 느낄 일이 많다. 아무도 인간성이라는 좁은 한계에서 벗어나지 못한다. 사람이기에 누구든 몸과 마음에 약점이 있다. 위엄이 겉으로는 권위를 주지만 인격까지 수반하지는 않는다. 누구든 행운이 따르면 개인의 열등함보다도 훨씬 더 높은 자리를 차지한다. 사람들은 그의 겉모습만 보고 상상만으로 대단하다고 비약하는 것이다. 그처럼 보고 싶은 대로 보다가 비로소 경험해보고야 환상에서 깨어난다.

경솔해지지 않으려면 지혜롭되 소심하지 말아야 한다. 다른 사람을 과대평가하지도 말고 나도 그 못지않은 능력이 있다는 자신감을 가져야 한다. 이런 자신감에서 긍정적 태도가 나오며, 성공을 위한 지식과 가치관이 형성된다.

자기 관점만 너무 주장하지 마라

굼벵이도 구르는 재주가 있다지만 문제는 언제 어디서나 구르려고 한다는 것이다. 그래서 어리석다는 것이다. 지나친 자기 확신과 지나친 추종. 이것이 맹신과 맹종이며 이 때문에 어리석어진다.

맹신이나 맹종에 빠지면 자기 판단과 다른 결과가 나와도 포기하지 않는다. 설령 자기가 옳아도 때로는 양보할 줄 아는 것이 미덕이다. 그래야 독불장군이 되지 않고 포용력 있는 사람이 된다.

완고하면 승리해도 많은 것을 잃는다. 완고는 진리가 아니라 무례이기 때문이다. 언제 어디서나 어떤 생각이 꽂히면 절대로 바꾸지 않는 사람이 있다. 그런 쇠머리*에다가 변덕까지 합치면 바보가 된다. 의지가 확고해야지 자기 생각만 확고하면 천하의 바보가 된다.

---

* 쇠머리(cabezas de hierro)는 두뇌(cabezas)가 쇠(hierro)처럼 굳어 유연하지 않다는 뜻이다.

∽ 184 ∾

허례허식을 멀리하라

격식에 너무 매이지 마라. 격식은 본론이 아니다. 왕이라도 격식을 너무 중시하면 가식적인 인물이 된다. 격식을 차린다는 것 자체가 따분한 일이다. 모든 경우에 격식은 있지만 지나치면 격식이 지향하는 것을 놓친다.

무엇보다 격식이 우선인 사람은 체면과 존중감 때문이라고 하지만 사실은 격식 없는 자연스러운 상황을 무시당한다고 느끼는 기분 때문이다. 자신과 다른 사람들이 똑같은 대우를 받는 것을 못 견딘다. 그래서 모자를 벗어야만 자기를 존경한다고 보고 흡족해한다.

진정한 존중은 마음에서 우러나온다. 억지로 격식을 꾸밀 때는 속이려는 의도가 있다. 상황에 따라 마땅한 존중과 과도한 격식을 요구하는 것은 다르다. 격식이 없어도 뛰어난 사람은 그 자체로 돋보인다. 격식을 무시하라는 뜻이 아니라 격식에 얽매이면 위대한 인물이 될 수 없다는 말이다.

185

단박에 운명을 걸지는 마라

모든 일을 성실히 하되 어떤 일이든 그 일 하나에 모든 것을 걸지는 마라. 성공하면 좋지만 그 한 번의 실패로 돌이킬 수 없게 된다. 특히 승승장구할 때 이런 유혹에 빠지기 쉽다. 물 들어올 때 노 젓는다는 식으로 잘될 때 올인하면 그만큼 더 많이 얻는다고 보지만 상황이 늘 순탄할 수만은 없다. 밀물이 썰물로 바뀌는 법이다. '개도 운수 좋은 날이 있다'고 하는 말은 그만큼 운수가 좋지 않은 날도 많다는 뜻이다.

지금 하는 일을 그다음의 일과 연결해 진행되게 해야한다. 그래야 성공하든 실패하든 다음 일로 보상할 수 있다. 언제나 더 나은 수단과 자원을 동원하도록 발판만큼은 남겨두어야 한다.

아무리 완벽해 보여도 결점은 있다

완벽한 것과 완벽해 보이는 것은 다르다. 세상은 결코 완벽할 수 없기에 변화를 거듭하고 있다. 아무리 고귀한 신분도 결함이 분명히 있다. 눈이 밝으면 사물을 잘 보듯이 마음이 맑으면 금관을 쓰고 비단옷으로 둘러싸고 있어도 악덕을 분간해낸다. 노예가 우리 주인은 점잖다고 아무리 자랑해도 노예는 노예로서 수치가 있고, 주인은 주인대로 인간의 존엄성을 짓밟는 것이다.

사악해도 높은 위치에 오를 수 있는 것처럼 낮은 위치에 있다고 모두 사악하지는 않다. 위대한 자들도 결점이 있지만 그것 때문에 위대성이 없어지지 않는 것은 그들의 악덕도 아첨하는 자들이 그럴듯하게 덮어주기 때문이다.

좋은 일은 직접 하고 싫은 일은 남에게 맡겨라

각자 자기가 좋아하는 일을 하라. 편하고 손쉬운 일만 하라는 것이 아니다. 모두가 힘겨워해도 자신에게 맞는 일이 있다는 뜻이다. 나는 싫어하는 일이지만 다른 사람은 좋아하는 일도 있다. 그래서 이렇게 말한다.

'좋은 일은 직접 하고 그밖의 일은 다른 사람을 통해서 하라.'

그것이 자연적인 본성과 맞는다. 통치자는 보상과 처벌로 다스리는데, 이 방식을 자신에게 먼저 적용해야 다른 사람에게도 좋은 영향을 준다. 통치자라면 책략에 따라 칭송받는 일은 직접 하고 욕먹을 일은 부하에게 시켜야 할 때가 많다. 그래서 불만, 증오, 중상모략 등도 막아내줄 사람을 곁에 두어야 한다.

분노한 군중은 화난 개와 같아서 고통의 원인을 놓치고 통치자의 정책을 탓하며 덤벼든다. 그럼 정책 집행자에게 잘못이 없어도 누군가 희생양은 되어야 한다.

좋은 면을 발굴하고 드러내라

누구를 만나든 먼저 그의 좋은 면을 칭찬하라. 대단히 센스 있는 사람이 될 것이다. 그 사람과 전혀 상관없는 것을 억지로 칭찬해서는 안 된다. 무례하고 냉소적이라며 신뢰를 받지 못한다. 누구를 만나든 험담부터 내놓는 사람이 있다. 적합한 상대가 아니라도 뒷담화를 즐기려는 것이다. 이런 일이 반복되면 설령 듣는 자의 비위를 맞추려는 험담이라도 부정적인 사람이라는 인상이 남는다.

언제든 처음은 덕담으로 시작하라. 덕담 중 가장 좋은 것이 당사자도 잘 몰랐던 부분을 찾아내 칭찬하는 것이다. 그러면 평소에도 능력을 알아보는 긍정적인 사람이라는 평가를 받는다.

네 욕구가 무엇이냐

　종교인이나 철학자들은 궁핍이 별것 아니라고 하지
만 정치인은 궁핍이 모든 것이라고 하는데, 그것이 옳
다. 정치가뿐 아니라 사업가 등 많은 사람이 목적을 달
성하려고 인간의 욕구라는 사다리를 충분히 이용한다.

　그들은 모든 기회를 이용해 사람들에게 더 많은 욕구
를 누리라고 자극한다. 이러한 자극은 욕구 만족의 상
한을 없애버려 욕구를 누리면 누릴수록 더 많은 욕구를
동경하며 그 기회를 찾아다니게 만든다. 다른 사람의
욕구를 이용하면 그가 당신을 의지하게 할 수 있다. 그
욕구가 클수록 의존의 강도가 세진다.

어떤 일에서든 위안을 찾아라

영원에서 위로를 찾지 말고 일상을 위안 삼아라. 천국 같은 것의 위로 말고 오늘의 모든 것에서 위로를 찾아라. 주위를 둘러보라. 어떤 사물이든 나름대로 멋이 있다. 나무나 들꽃, 구름, 짐승도 고유한 풍미가 있다. 기대하지도 않았는데 산토끼가 수풀 속에서 뛰어오르는 것을 보라.* 있던 시름도 다 사라진다.

우리의 시름도 어떤 것이든 나름대로 보상이 있다. 새옹지마塞翁之馬라고 하듯이 분명히 안 좋은 일이 있었기에 결과가 더 좋을 때도 있다. 그래서 '어리석은 자도 행운이 따르고 못생길수록 오래 산다'고 했다. 산에 나무도 쓸모없으면 장수하며 흠이 많아도 깨지지 않는 그릇이 좋은 것이다. 좋고 나쁘고를 떠나 일상의 모든 것에서 위안을 삼으며 살아가라.

---

*　스페인의 오래된 속담으로 돈키호테 등에도 수록되어 있다.

두고 보자는 말은 믿지 마라

너무 많거나 큰 약속은 약속이 없는 것과 다름없다. 찬란한 무지개는 빛이 산란한 것일 뿐이다. 테살리아*의 마술용 허브처럼 깍듯한 격식으로 미혹되는 것을 좋아하는 사람들이 많다. 이들의 눈은 우아한 모습에 약하고 귀는 달콤한 약속에 사로잡힌다. 그런 격식은 겉치레이며, 당신을 존경하는 것이 아니라 지배하려는 수단에 불과하다.

그런 사람을 만나면 격식에 경의를 표하지 말고 그가 가져오는 돈이나 성과에 경의를 표해보라. 그런 자들을 칭찬할 때도 공손한 태도보다는 의무이행의 결과를 주목해야 한다. 의무이행 없는 격식은 속임수이며, 의무를 행하는 것만이 진정한 예의다.

---

* 테살리아(Tesalia)는 그리스 신화에 나오는 반인반마(半人半馬) 켄타우로스가 살던 곳이다.

～ 192 ～

일일이 참견하지 마라

맘 편히 사는 것이 오래 사는 길이다. 나도 그렇고 다른 사람도 그렇고 누구든 잘살고 있거든 그냥 놔두라, 간섭하지 말고. 그것이 화평케 하는 것이다. 사소한 일에 집착하는 사람들이 꼭 중요한 일은 놓친다. 일상은 대부분 사소하다. 그런 일들은 들어도, 보아도 때로는 침묵할 줄 알아야 한다. 들었다고, 보았다고 떠들고 간섭하는 데서 논쟁이 벌어진다. 간섭을 줄여야 꿈도 심란하지 않고 단잠을 잔다.

오래 살면서도 즐겁다면 그 이상 무얼 바랄까. 그 두 가지는 아무 일도 아닌 것은 아무 일도 아니게 넘어가는 데서 나온다. 크든 작든 할 것 없이 모든 일을 마음에 새겨두는 것이 자신에게 제일 심술궂은 짓이다. 자신에게 중요한 일을 무시하는 것만큼이나 자신과 관련도 없고 사소한 일에 괴로워하는 것도 자신에게 못 할 짓이다.

～ 193 ～
셈이 불분명한 사람을 멀리하라

자기 책임인데도 은근슬쩍 떠넘기려 한다거나 자기
몫이 아닌데도 스리슬쩍 챙기려는 사람이 있다. 한두 번
은 그러려니 하지만 상습적이면 그때는 멀리해야 한다.
그런 사람들은 어떤 일을 시작할 때는 책임지기 싫어 다
른 이에게 떠넘겼다가 잘되면 자기 것으로 만들려고 한
다. 그러다 안 되면 분명히 자기 문제인데도 남의 문제
인 것처럼 시치미를 뗀다. 누가 대신 나서서 해결해달라
는 뜻이다.

모든 일이 이처럼 간 보기라 무엇 하나 주도적으로
마무리 짓지 못한다. 그런 사람들은 평소에도 '내 것은
내 것, 네 것도 내 것'이라는 태도를 보인다.

두 발은 현실에 딛고 서 있어야 한다

지금 서 있는 곳은 어디이며 어떤 일을 하는지 자문자답해 자신과 자신의 일에 합리적 견해를 지녀라. 누구나 인생 초기에는 자신을 상당히 높게 평가한다. 경험도 적고 평가할 만한 기준점도 많지 않아 자기를 경외하며 다가올 행운을 꿈꾼다. 그래서 달성하기 어려운 기대를 품는다. 그 기대가 여러 일을 겪으며 차츰 환멸로 변한 것이 곤혹스러움의 원천이다.

이런 곤혹스러움 앞에서 한계를 자각하고 최선을 다하며, 최악을 대비하면서 성숙해진다. 그 후 자기 수준을 높일 목표를 세우지만 이때 생애 초기처럼 황당하게 높이지는 않는다. 그 경우 사명감까지 잃고 공상에 빠져 지낼 수 있음을 잘 알기 때문이다. 사리를 분별하는 통찰력이야말로 자기 위치에서 더 잘할 수 있는 일을 알려준다. 그러면 얼마든지 이상과 현실을 조화해내고 목표를 차츰 높여가며 꾸준히 전진할 수 있다.

사람 볼 줄 아는 안목을 길러라

누구든 다른 이의 스승이 될 만한 무엇을 가지고 있지만, 아무것도 배우지 않아도 될 만큼 뛰어난 사람은 아무도 없다. 아무리 유능해도 누군가에게 압도될 수 있다는 뜻이다. 뛰어난 제왕도 간신이나 총희寵姬 한 명에게 홀려 나라를 망가뜨리는 일이 많았다. 사람을 제대로 보고 활용하거나 멀리한다면 그런 비극이 일어나지 않는다.

어떤 사람을 볼 때 그만의 특징을 구별할 줄 알아야 한다. 하나가 좋다고 다 좋아하지 말고 하나가 싫다고 다 싫어하지도 마라. 분간이 분리는 아니다. 만물은 연결되지만 각각 특징이 있다. 그 특징을 잘 짚어내는 것이 분간이다. 어리석은 자는 이 모든 것을 무시하기 때문에 좋은 것은 멸시하고 하필 나쁜 것만 선택한다.

나만의 별을 찾아서

누구나 태어난 날과 시간이 있듯이 자기만의 별이 있다. 별들이 그들만의 이야기를 나누듯이 우리도 믿고 따를 만한 인물이 있고, 생의 고비마다 참조할 만한 비슷한 사례들이 있다. 그 인물이, 그 사례가 나만의 별이다. 자기 별을 아는 자들은 역경이 주변을 배회해도 길을 잃지 않는다.

그런 자들은 고뇌로 힘든 밤에도 별들의 이야기를 들으며 깊이 잠든다. 그의 별은 그렇게 잠든 자를 새벽까지 비출 테고. 고대인들은 북극성을 보고 길을 찾았다. 나만의 별을 북극성처럼 따라가라. 다른 별이 천둥 같은 소리로 불러도, 내 별과 헷갈리지 마라. 그래야 나만의 북극성을 놓치지 않고 뚜벅뚜벅 걸어갈 수 있다.

어리석은 자의 짐을 지지 마라

약자의 짐은 나눠서 지는 것이 도리다. 그러나 어리석은 자의 짐을 지고 다니지는 마라. 그래 봐야 어리석은 자는 잘할 수 있는 일조차 엉망으로 만든다. 그런 일을 직접 부딪치며 겪어봐야 어리석음에서 깨어난다. 그 대신 처리해주어 버릇하면 어리석은 자는 바보의 자리에 계속 머물게 되고, 도와주는 사람은 뒤처리 전문가로 전락한다.

도와줄수록 더 엉망이 되는 바보를 알아보지 못하는 그 사람도 역시 바보다. 자기가 어리석었다는 것을 알면서 그대로 두면 바보가 되는 것이다. 그런 바보의 어리석은 짓을 수습만 하고 다닌다면 그 역시 바보가 된다. 그들이 위태로운 바보들의 동반자다. 이러한 동반자들도 주변의 무시를 받으면 한때 조심하겠지만 끝내 더 큰 바보짓을 한다. 그렇다고 주변의 신용도 받기 어려워서 바보짓을 그만두지도 못한다.

〜 198 〜
자신을 옮겨 심을 줄도 알아야 한다

나무도 토양에 맞아야 잘 자란다. 똑같은 사람인데도 어떤 여건이냐에 따라 훌쩍 크기도 하고 멈추기도 한다. 대륙의 역사도 고대부터 근세까지 더 나은 위치를 차지하려는 민족*들의 쉼 없는 이동으로 점철되어 있다.

개인도 마찬가지다. 어릴 적 고향은 어리숙했던 모습만 기억하고 시기심이 많은 곳이라 제대로 크기가 쉽지 않다. 사람들은 자기 땅에서 나오는 보석보다 땅끝 저 멀리서 온 바늘과 색유리 조각을 더 값어치 있게 본다. 이국의 것이라 신기하게 보기 때문이다.

고향에서 조롱받았지만 외지에 나가 큰 인물이 된 사람이 많다. 외지에서는 멀리서 다가왔고 고향에서는 가까이서 멀어져갔기 때문이다. 동구밖에 버린 돌조각이 거대한 성상이 되리라고 생각하는 사람은 없다.

---

* 민족(naciones)은 여기서 종족 개념에 가깝다.

무엇보다 실적으로 자리를 차지해라

나는 무엇무엇을 잘할 수 있다가 아니라 나는 이렇게 해왔다를 강점으로 삼고 거기에 맞는 자리를 찾아야 한다. 고결성이나 자신감, 근면성만으로는 부족하다. 이런 특징만 내세워 대책 없이 밀어붙이기만 하면 머지않아 불신을 받는다.

가능성에 대한 추정을 불러일으켜 받게 되는 존경은 그리 오래가지 못한다. 특히 직장에서는 성과를 동반해야 오래 인정받는다. 역량 없이 오직 성실성 하나만으로 밀어붙이는 것으로는 충분하지 않은 이유가 있다. 그런 일의 결과가 대부분 오점투성이이기 때문이다. 성실성은 역량으로 실현되어야 하고 역량은 성실성으로 뒷받침되어야 한다.

언제나 열망하기 위해서

더는 바랄 것이 없을 만큼 행복한가? 더 행복해질 일
이 없다는 뜻인데 그러면 삶은 소용돌이에 휘말리게 된
다. 아무리 행복해도 그늘이 있는 법이다. 그럴 때면 그
늘이라고 싫어하지 말고 사색하며 가슴 설레는 열망을
가다듬는 곳으로 활용하자. 몸이 호흡해야 하듯 마음도
포부가 있어야 한다. 행복과 불행은 정도 차이일 뿐 늘
같이 간다. 모든 것을 가졌다 해도 더는 희망이 없다면
삶 자체가 환멸에 빠진다.

모든 것을 다 안다고 해보자. 호기심 없는 화석과 같
다. 칭찬도 과하면 더는 감동이 없다. 행복의 과잉도 영
양 과잉처럼 치명적이다. 그래서 도와줄 때도 약간 부족
하게 해야 한다. 더 바랄 것이 없다면 그때부터 모든 것
이 두려워진다. 이것이 열망이 사라진 '불행한 행복'이며
그 증상이 곧 상실에 대한 두려움이다.

5장

무엇이든
어설프게 하지 마라

무지의 지

어느 날 델포이 신전의 사제가 세상에서 제일 현명한 자는 소크라테스라는 신탁을 받았다. 이 소식을 들은 소크라테스는 어떻게 세상에 나보다 현명한 사람이 없겠느냐며 현자들을 찾아다녔다. 모든 것을 아는 체하는 그들과 대화하며 소크라테스가 깨달은 것이 하나 있다. 그들이나 자신이나 같이 무지하지만, 한 가지 차이는 자신은 무지하다는 것을 알지만 그들은 무지하다는 것도 모른다는 것이다. 여기서 '무지無知의 지知'가 나왔다.

세상의 반은 지혜이고 반은 어리석음이다. 지혜 옆에 어리석음이 있고 어리석음 옆에 지혜가 있다. 세상에 바보는 다른 사람들은 다 아니라는데 혼자만 똑똑하다고 생각하는 사람이다. 무지의 지를 자각한 자가 영리한 자이며, 다른 사람들이 보는 것도 보지 못하는 자가 어리석은 자다. 세상에는 바보들이 많지만 자기가 바보라거나 바보인지 의심이라도 하는 자는 하나도 없다.

머리와 가슴의 조화

품격은 신분과 소유가 아니라 신중한 말과 우아한
행동에서 나온다. 하는 말에 지성이 있고 행동이 탁월할
때 품격이 우러나온다. 왜냐하면 품격 있는 사람은 머리
에서 말이 나오고 가슴에서 행위가 나오기 때문이다. 그
와 달리 조속한 사람은 언어가 감성 중심으로 편향되어
있고 행위는 계산적으로 흐르기 쉽다.

인간의 영혼은 머리와 가슴이 함께할 때만 숭고하다.
누구나 말하기는 쉽지만 행동하기는 어렵다. 생각 없는
말, 지키지도 못할 말을 곧잘 하는 사람들을 보면 가식
적인 행위가 많다. 말의 그림자가 행동이므로 언제나 말
은 생각을 먼저 한 뒤 해야 한다.

탁월한 인재는 알고 있어야 한다

모든 시대에는 그 시대마다 논리가 있다. 성공도 마찬가지다. 시대적 논리에 부합한 성공 방정식을 잘 풀어낸 사람이 당대의 인물로 남는다. 당대의 인물보다 여러 시대에 걸친 인물이 위대한 인물이 되기는 더 어렵다.

시대에 관계없이 전 세계에 위대한 장군, 고매한 철학자, 현명한 통치자로 우뚝 선 인물은 그리 많지 않다. 수많은 이가 카이사르나 알렉산드로스처럼 자기 이름 앞에 '위대한'이라는 칭호가 붙기를 원했으나 공허한 일이었다. 헬레니즘시대에도 아펠레스*뿐이었으며 로마시대에도 세네카 같은 진정한 지성인은 드물었다. 평범한 사람은 수가 많으니 시장 가치가 나뉘고, 위대한 인물은 어느 정도 완전성이 필요하기에 드물다. 많지 않은 그들을 알면 인간의 보편속성을 이해하기 쉽다.

---

* 아펠레스(Apelles, 기원전 352?~기원전 308?)는 알렉산드로스 대왕의 전속 화가로 활동했다.

204

어려워도 쉬운 것처럼,
쉬워도 어려운 것처럼 풀라

일이 어렵다고 고민만 하면 더 소심해진다. 어려워도 쉽다고 여겨야 용기가 난다. 일이 쉽다고 하여 무시해서도 소홀해진다. 쉽다고 해도 어려운 것처럼 접근해야 부주의하지 않게 된다.

일만 벌여놓고 마무리가 안 되는 것은 너무 하찮게 생각해서 놔두거나 너무 힘겹게 보고 엄두를 못 내기 때문이다. 아무리 어려워 보여도 해야 할 일이라면 꾸준히 해내면 불가능한 일은 없다. 큰일일수록 절망하지 않으려면 너무 골똘히 생각지 말아야 한다.

무시할 줄도 알아야 한다

세상에 새겨들을 말도 있지만 한쪽 귀로 듣고 한쪽 귀로 흘릴 말도 많다. 명심할 일과 흘려보낼 일을 잘 구분해야 혼돈에 빠지지 않는다. 하나를 손에 넣으려면 다른 하나는 소홀히 해야 할 때가 있다. 보물처럼 여겨 찾아다닐 때는 없던 것이 가만 놔두면 저절로 손에 들어오는 때도 있다. 장사 잘하는 사람들을 보라. 쌀 때 사두었다가 비쌀 때 내다 판다. 인간관계도 그렇다. 존중과 경멸의 카드를 적절히 활용해야 한다.

세상 모든 일은 금세 사라지는 그림자에 불과하다. 그림자를 보라. 가까이하면 멀어지고 멀어지려고 하면 가까이 붙는다.

복수 중에서도 가장 미묘한 것이 상대를 무의미의 먼지 속에 묻어버리고 관심을 끊는 것이다. 이런 망각이야말로 가장 좋은 복수가 아니고 무엇이겠는가. 싸우려 덤벼드는 자의 비방을 잘 다루는 방법 가운데 하나도 모르는 척하는 것이다. 자꾸 반응을 보이면 위신이 그만큼 더 손상되고 적이 회심의 미소를 짓게 된다. 영특하면 자신을 방어할 때도 펜을 잘 쓰지 않는다. 오류가 남을 수 있고 상대에게 타격을 주기보다 오히려 영광을 주는 역효과가 날 수도 있기 때문이다.

명성을 얻으려고 일부러 큰 인물과 싸움을 벌이는 이들도 있다. 경멸도 큰 인물을 향할 때 더 큰 반향이 있기 때문이다. 세계적 유물에 불 질렀던 무모한 사람*도 영원히 이름을 알리려고 그랬다. 뛰어난 인물이 상대해주지 않았다면 듣도 보도 못했을 인물들이 많다.

---

* 헤로스트라토스('Ηρόστρατος)는 기원전 356년 에게해 연안에 있는 대리석으로 지은 아르테미스 신전에 불을 질렀다.

어디에나 천박한 사람은 있다

사람들이 모인 곳이라면 왕실이나 귀족, 대기업, 명문 학교, 명망가 등을 막론하고 어디나 천박한 사람들이 많다는 것을 잘 알아야 한다. 심지어 코린토*의 엄선된 가문에서도 마찬가지다. 이런 자들이 여러 곳에 있어 누구라도 쉽게 확인해볼 수 있다. 신분이 아무리 그럴듯해도 천박한 본성을 감출 수 없는 것이다.

기품 있는 성당의 장식 유리라도 깨지면 해로운 유리 조각일 뿐이다. 그런데도 고상한 흉내를 내며 당치도 않은 비난을 일삼는다. 자신들의 무지를 감추려고 건설적인 토론을 피하고 상대의 신분상 약점이나 과거 추문을 끈질기게 물고 늘어진다. 이런 저속한 행태에 당하지 않으려면 그들의 간판 뒤에 숨어 있는 천박성을 똑바로 봐야 한다.

---

* 코린토(Corinto)는 고대 그리스의 예술과 상업의 중심 도시다.

분노가 치밀어도 태도만큼은 온유하게 해라

분노든 슬픔이든 감정을 갑자기 드러내는 순간 예기치 않은 상황을 불러올 수 있다. 땅속 깊은 곳에서 꿈틀거리며 지각판을 융기하고 침식시키던 마그마가 지표면을 뚫고 폭발하는 순간 재가 되어 날아가듯이.

충동에 약하면 신중함도 떨어지고 파멸하기도 쉽다. 기분에 치우치기보다 그 기분을 불러온 사건과 해결 방안에 더 관심을 쏟아야 한다. 사람이 충동적이면 인생이 늘 미끄럼틀 타는 것과 다를 게 없다. 독설도 묵살하는 사람에게는 무거운 짐으로 남는다.

충동적이면 언제나 여우 같은 자들에게 이용당한다. 그러니 온유라는 방어수단을 갖추어라. 적어도 태도만큼은 온유해져라. 누가 아무리 화나게 자극해도, 속으로 격정에 휩싸여라. 태도를 온유하게 하면 자신도 모르게 사려가 깊어진다. 경주자가 사려 깊으면 험한 코스라도 두 배로 빨리 달리면서 더 멀리 달릴 수 있다.

개인적으로 어리석어지지 않으려면

어리석음도 일종의 질병이다. 현명하던 이도 이성을 잃으면 이 병에 잘 걸린다. 적어도 바보*라는 병명으로 삶을 마치지는 마라. 어리석다는 것은 분별력이 없다는 말이다. 제국들의 흥망성쇠나 위인들의 성공과 실패도 다 분별력과 관련되어 있다.

제아무리 불세출의 영웅이라도 비전을 잃거나 안주하면 분별력이 흐려진다. 그에 비해 소심한 사람은 조언에 짓눌려 쓰러진다. 영웅이 너무 많이 알아 세세한 지혜를 무시하다가 실패한다면, 보통 사람은 때에 맞춘 지식을 분별하지 못해 허우적댄다.

너무 많은 사람이 바보처럼 죽는 동안 타고난 진짜 바보는 그렇게 죽지는 않는다. 조직이나 개인이나 분별력만 지키면 죽을 때까지 성공가도를 달릴 수 있다.

---

* 바보(necio)는 완고해서 어리석어진 사람을 가리킨다.

집단의 어리석음에 빠지지 않으려면

한 사회를 구성하는 집단이 많다. 행정부, 의회, 사법부, 경찰, 군대, 학교 등 공적 조직이 있고 동창회, 동호회 등 사적 모임도 있다. 이 중 공적 집단이 어리석을 때는 여론을 환기해 고치려고 노력하면 된다. 하지만 사적 모임은 다르다. 단체로 편견에 빠져 있다면 피하는 게 더 좋다. 그 대신 다른 모임을 택하면 된다. 집단이 함께 광기에 빠지면 그들 중 온전한 사람을 미쳤다고 집단으로 매도한다. 우리는 모두 천사이고 네가 바로 악마라는 식이다. 집단 사고는 집단 안에서 신적 권위를 행사한다. 개인의 분별력이 아무리 뛰어나도 극복하기 어렵다. 이것이 집단의 보편적 실패다.

집단광기의 특징은 소속된 사람 중 지성이 뛰어나도 분별력이 마비되어 학대당하면서도 만족스러워한다는 것이다. 이런 집단에서 매사에 웃음을 흘리는 사람이야말로 바보 중의 바보다.

끊임없이 진실을 말하라

우리 손에 진실, 농담, 거짓, 냉소, 추억, 전문용어 등 카드가 여러 장 있다. 그중 진실의 카드를 가장 소중하게 다루어야 한다. 진실의 카드는 위험하지만 올바른 사람이라면 사용하지 않을 수 없다. 여기에 노련한 기교가 필요하다. 쓴 약도 먹을 수 있도록 당의정을 입히듯이 진리의 알약도 소화가 잘되도록 만들어야 한다.

허상에 빠진 사람은 그것을 깨려고 하면 엄청나게 괴로워한다. 이때 노련한 사람은 허상에 빠진 어리석음과 과거를 캐내지 않고 진실이 주는 현실감과 미래의 이점을 먼저 보여준다. 이렇듯 진실로도 노련한 사람은 칭찬을 듣고 어설픈 사람은 큰 반발에 부딪힌다.

허상이 불러온 요즘의 고뇌를 과거의 일인 양 다루어야 한다. 그러면 들을 귀가 있는 이는 알아듣고 현실감각을 찾는다. 상황이 그렇지 않다면 침묵을 지켜라. 허상 속 왕자는 스스로 환멸을 느끼는 수밖에 없다.

세상은 천국과 지옥의 중간에 있다

천국에서는 언제나 즐겁고 지옥에서는 언제나 고통스럽다. 하지만 세상은 천국만도 아니고 지옥만도 아니어서 천국과 지옥이 공존하는 곳이다. 천국과 지옥은 상대적 개념이라 천국이 없으면 지옥도 없고 지옥이 없으면 천국도 없다. 천국이나 지옥은 관념이며 그것도 상대적 관점이다.

인간은 두 관점 사이에 서 있으며, 그 사이에서 다양한 운명이 배회하기에 운명 자체로는 행운도 불운도 아니다. 늘 행운과 불운을 합치면 무無*가 되기 때문이다. 따라서 어떤 일을 하든지 행운이냐, 불운이냐 보지 않으면 평정심을 유지할 수 있다. 우리 삶은 우여곡절 있게 진행되는 희극과 같으니 늘 좋은 결말을 기대하며 살자.

---

* 무(cero)는 0이라는 숫자이면서 텅 비었다는 존재론적 의미가 있다.

핵심 비법은 깊이 보관하라

최신 예술의 트릭은 나만의 비법만큼은 끝까지 간직하는 것이다. 아무리 최신 기술이나 최고 기밀이라도 유출하면 희소가치가 사라진다. 자고이래로 현자들도 산중에 은거해 찾아오는 제자들을 가르치면서도 자기 바닥까지 다 드러내지는 않았다. 그래야 제자가 스승의 오묘함에 자부심을 갖고 더 열심히 수련하는 것이다.

사람들을 이끌려면 늘 내게 무엇인가가 있어야만 한다. 가르치는 일이든 베푸는 일이든 그 원천이 고갈되어서는 안 된다. 그래야 사람들도 존경하고 의존한다. 즐겁게 하거나 기술을 전수하거나 무엇을 하든 이 원칙을 지켜라. 특히 리더일수록 언제든 여유분을 남겨두는 것이 실패하지 않는 원칙임을 잊으면 안 된다. 전술·전략은 승리를 위한 비법이지 과시하려는 홍보물이 아니다. 자신만의 비법은 혼자만의 은행에 묻어 두어라. 그것이 최신 예술의 트릭이다.

반박의 기고를 익혀라

반박해야 할 때라도 막무가내이면 상대가 마음에 철
옹성을 쌓는다. 솜씨 있게 해야 의중도 드러나고 그의
헌신까지 자극할 수 있다. 그러려면 먼저 전면 반박 대
신 미온적 불신을 표하라. 약간 의심스럽다는 분위기를
풍겨 상대의 신뢰받고 싶은 욕구를 자극하라는 것이다.
그래야 상대가 속 깊은 비밀을 털어놓는다.

다음으로 상대가 모호하게 반응할 때 넌지시 평가절
하해 인정욕구를 자극하라. 이럴 때 지성을 과시하고 싶
은 사람이라면 많은 이야기를 변명 겸 털어놓을 것이다.
영리한 제자들은 일부러 스승의 가르침을 반박해 화가
난 스승에게서 더 심오한 이야기를 끌어낸다.

마지막으로 허술한 것처럼 보여 방심하게 하라. 그러
면 상대가 자충수를 두어 이쪽이 어떤 반박을 해도 피
하지 못할 일을 저지른다. 큰 물고기는 미끼를 던져 한
입 베어 물게 하고 그물로 푹 떠 올리는 것이다.

잘못은 한두 번으로 족하다

누구나 잘못은 하고 산다. 문제는 같은 잘못을 반복한다거나 그러고도 깨닫지 못하는 것이다. 한두 번 잘못했을 때 개선하지 못했다가 잘못이 관행처럼 굳어지기 쉽다. 잘못보다 더 나쁜 것은 그 잘못을 뭉개는 것이다. 한 가지 실수를 고치지 않고 그냥 덮어두려 할 때 보통 네 가지 다른 편법을 써야 한다.

잘못은 한두 번이면 족하니 세 번 이상 넘어가면 고질병이 되기도 쉽거니와 잘못을 덮으려고 또 다른 잘못이 파생되어 잘못의 범주화가 형성된다. 이런 고약한 지경에 빠지지 않으려면 잘못했을 때 어영부영하지 말고 앞으로 달리고 또 달려나가야 한다.

⌒⌒ 215 ⌒⌒

의도를 감추고 있는 사람을 조심하라

사탄도 천사로 가장하고 다가온다. 장사꾼도 물건을
팔려고 먼저 고객의 경계심을 풀어놓는다. 상품 가치가
작을수록 고객이 먼저라고 외치며 자신이 종노릇을 할
것처럼 행동한다. 이중 의도를 가지고 접근하는 자를
주의하라. 그러지 않으면 그들이 어느새 당신 심장에 자
기 뜻대로 화살을 박아놓는다.

세상에 공짜 점심은 없다. 과도한 친절과 겸손은 본
래 의도를 숨기는 수법일 수 있다. 그렇다면 하나는 표
면적이고 다른 하나는 이면적인데 이런 이중성은 주름
이 져 있어 잘 살펴보면 구별할 수 있다. 만약에 가까운
사람이 다른 속셈을 품고 있다면? 그에게 무엇을 어느
정도까지 허락할 수 있는지 확인한 다음 그의 의도를
간파하고 있음을 넌지시 암시해라.

전달력을 길러라

같은 내용이라도 어떻게 전달하느냐에 따라 효과가 다르다. 명확한 단어와 생생한 동사를 구사하라. 아무리 좋은 뜻도 제대로 표현하지 않으면 전달되지 않는다. 생각에도 생기가 있어야 하고 표현도 명확해야 한다. 명확하지 않으면 마음에 구상한 바를 세상에 내놓을 수 없다. 입구가 좁고 바닥은 넓은 그릇처럼 지식을 많이 쌓아두고도 제대로 활용하지 못하는 사람들이 있다.

그와 달리 어떤 이는 자기 실력보다 더 많은 것을 내놓으려고 한다. 원칙적으로 명쾌한 표현이 존중받는다. 하지만 이해되지 않아도 무게 있게 말하면 숭배하는 사람들이 있어 선택받을 때가 있다. 따라서 나도 잘 모르지만 표현해야 한다면, 무지가 드러나지 않도록 모호함을 무게 있는 표현으로 포장하는 것이 유리하다. 그만큼 결단력 못지않게 표현력도 중요하다. 다행히 표현력은 누구든 자신이 필요한 만큼은 계발할 수 있다.

영원히 사랑도 하지 말고
영원히 미워도 하지 마라

오늘의 친구가 내일의 적이 될 수도 있고 오늘의 적이 내일의 친구가 될 수도 있다. 가장 친근했던 사람이 돌변하면 가장 무서운 적이 된다.

사랑도 미움도 영원한 것은 없다. 그러니 서둘러 예방 조치를 해두어야 한다. 우정은 변할 수 있으니 치명적인 무기는 주지 말고, 적도 우정을 나눌 수 있으니 화해할 여지는 남겨두라.

고집으로 하지 말고 지식으로 하라

모든 고집은 정신의 화석이며, 바른 일을 해본 적이 없는 열정의 후유증이다. 이런 고집으로는 어디를 가도 무법자처럼 문제를 만든다. 자기 고집이 곧 법인 것처럼 우기며 평화를 모른다. 이들이 지도자가 되면 파당을 짓고 아이처럼 순수한 자들까지도 적으로 만들기에 치명적이다. 그러고도 모든 일을 참견하며 공적은 모두 자기 덕이라고 자랑한다.

옹고집에 사로잡힌 이들은 생각이 비뚤어진 괴물들이다. 이들보다 야만인을 상대하기가 훨씬 쉽다. 이들의 옹고집이 알려져 반발을 받기 시작하면 누적된 여러 문제가 드러난다. 옹고집처럼 경직된 어떤 것도 결국 유연한 지성에 지게 되어 있다.

위선자로 낙인찍히지 마라

아무리 정직만 해서는 세상을 살 수 없다고 해도 잘 속이는 사람이라는 소리만큼은 듣지 마라. 비록 모든 일에 다 진실하지 못하더라도 약삭빠르기보다 신중한 사람으로 여겨져야 한다. 누구나 성실한 사람을 좋아한다. 약삭빠르게 여겨지면 총명해도 교활하게 보고 성실해도 위선 떠는 것으로 본다. 너무 솔직하면 사랑도 받지만 잘 속기도 하니 필요한 만큼만 솔직해져라.

위대한 예술도 사기라 여겨지는 것만큼은 잘 덮어두어야 성립된다. 옛 황금시대*에는 순박성이 번성했으나 오류의 시대**에 와서 교활성이 만연하고 있다. 이런 시대에도 자기가 해야 할 일을 명예롭게 하는 사람은 신뢰를 받지만 위선자로 간주되면 불신의 늪에 빠진다.

---

* 황금시대(de oro). 서양에서 인류 역사의 초기 시대인 석기사회를 이상향으로 여겨 황금시대(The Golden Agef)라고 했다.

** 오류의 시대(de yerro)는 그라시안이 살던 철기시대를 말한다.

권력이 없다면 지혜를 갖추어라

사자 가죽을 걸칠 수 없으면 여우 가죽이라도 걸쳐야 한다. 권력은 세상을 움직이는 힘이다. 그런 힘이 적다면? 머리로 싸워라. 힘으로 못 하는 일을 머리로 해내는 예가 많다.

왕처럼 용맹의 대로로 의기양양하게 갈 수 없다면 여우처럼 솜씨 좋게 사잇길로 가라. 이 길이 아니면 저 길이라도 가야 한다. 다행히 여우 같은 스킬이 사자 같은 힘보더 더 효과적인 경우가 많다. 역사상 수많은 실전에서도 기민성이 용맹을 번번이 이겼다.

～ 221 ～
자기도 남도 당황하게 하지 마라

경솔하면 무례하고 무례하면 당황할 일이 생긴다. 관계를 원활하게 하려면 필요한 매너들이 있다. 경솔한 자들은 이 매너를 무시하거나 방해하며 자신은 물론 타인까지 난처하게 만든다. 이런 경솔한 행위를 보면 마치 다른 사람이 얼마나 신중한지, 얼마만큼 잘 참아내는지 시험하는 듯하다. 그들과는 만나기는 편하지만 꼭 불편하게 헤어지게 된다.

그들에게는 하루에 몇 번이라도 자기나 남을 곤란하게 만드는 일이 대수롭지 않다. 또 언제나 심판관의 모자를 쓰고 선두에 서서 매사를 판단하고 정죄하려 들므로 웃자고 하는 말까지 모순적이며 그 방향도 잘못되어 있다.

심장의 맥박과 지혜가 어우러지게 하라

당신이 스스로 관리하지 못하면 타인이 당신을 관리하게 되어 있다. 우리의 혀는 야수와 같아서 잘못 풀어놓으면 걷잡을 수 없다. 항시 혀를 잘 길들여라. 평소에 잘 관리되어 있으면 비상시에도 자동으로 최고 수준의 대처가 나온다.

지혜의 수준은 내가 나에게 얼마나 잘 관리되어 있느냐는 정도다. 이 수준에 따라 심장의 맥박이 뛰는 사람이 위인이 된다. 그때부터는 가슴이 시키는 대로 무엇을 해도 된다. 어리석은 사람은 심장의 맥박과 인생의 지혜가 늘 반비례한다.

괴짜도 범주가 있다

자기만의 특징이 있는 것은 좋다. 차별성이 있다면 효용가치가 그만큼 높다. 어떤 일을 하든 세 범주로 분류된다. 꿀벌처럼 많은 꽃 사이를 날며 상호 이익을 창출하거나, 개미처럼 남에게 피해를 주지는 않지만 성실히 자기만을 위하거나, 해충처럼 남에게 피해를 주거나.

각자 역할은 이 세 틀 안에서 이루어진다. 첫째는 역량과 인성을 골고루 갖춘 전인적으로 특출한 경우, 둘째는 개인적으로만 유능한 경우, 셋째는 지나친 괴짜로 그 역량이 클수록 사회에 파괴적인 경우다. 셋째 괴짜는 공동체의 재앙이 되니, 괴짜가 되더라도 앞의 두 범주 안에서 되어라. 첫 범주의 괴짜는 창조적 파괴자가 되어 사회를 일신할 수 있고, 둘째 괴짜는 기괴한 방식으로 자기만의 성을 쌓는다. 이들은 적어도 남에게 피해는 주지 않으며 존경까지는 아니지만 부러움의 대상은 된다.

224

쭉정이만 남을 일은 하지 마라

모든 일에는 껄끄러운 면과 부드러운 면이 있다. 잘
드는 칼도 칼자루가 아니라 칼날을 잡으면 상처를 입
는다. 적의 창도 빼앗기만 하면 내 지팡이가 된다. 어떤
일이든 우리가 그 장점을 어떻게 활용하느냐에 따라 고
통이 되기도 하고 즐거움이 되기도 한다. 매사에 유리·
불리의 양면이 있으니 불리한 면만 따르면 쭉정이만 남
고 유리한 면을 활용하면 알곡이 남는다. 봄에 밭을 갈
고 씨를 뿌린 뒤 여름에 가꾸어 가을에 추수하는데, 알
곡이 없이 쭉정이만 거둔다면 그동안의 노고가 무엇이
되겠는가.

독 같은 사물도 어떤 각도로 빛을 비추냐에 따라 완
전히 다르게 보인다. 뛰어난 사진사는 빛을 찍는다. 그
러므로 최상의 각도를 잡으면 얼마든지 좋은 것을 잡을
수 있고 나쁜 것은 최소화할 수 있다.

자기 단점을 유념하라

사람마다 잘 미끄러지는 지점이 있다. 다 좋은데 약속을 자주 잊어버리는 사람, 평소에 좋았다가 꼭 한 번씩 불시에 화를 내는 사람, 기획은 좋은데 세심함이 약한 사람, 세심함은 강한데 멀리 보지 못하는 사람, 능력은 좋은데 차가운 사람, 냉철하기는 한데 추진력이 없는 사람 등. 어떤 결점이든 잘 다스리려고 하면, 언제 어디서 그 단점이 돌출되는지 항시 유념해야 한다. 그렇지 않고 장점만 있다고 착각하면 기고만장해져 독재자가 되려고 한다.

장점이 많으면 그만큼 단점도 많다. 이와 더불어 결점이 있다면 필요한 경우 공개해야 한다. 병도 알려야 빨리 낫는다고 하지 않는가. 어떤 일에 대한 약점은 그 일이 진행되기 전에 공개되면 악으로 전이되지 않는다.

사람들 눈이 어떻게 가리는지를 알고 있어라

대다수 사람은 사물을 있는 그대로 말하지 않고 보이는 대로만 말하기를 좋아한다. 세뇌에 약한 자들이 바로 보이는 대로 따라가기 좋아하는 이들이다. 이들을 유인하기는 식은 죽 먹기보다 쉽다. 주입된 견해를 마치 자기 의견처럼 떠들기 때문에 약간만 부응해주면 금세 마음을 연다. 그다음에 조금씩 의무를 부과하며 차츰 늘려가면 적은 비용으로 그들을 얼마든지 움직일 수 있다. 그것은 시작에 지나지 않는다. 여기에 한 번 길든 사람은 더 큰 의무를 부과해도 용감무쌍하게 수행한다. 몇 마디 말만 던져도 그대로 행동하는 것이다.

첫인상에 사로잡히지 마라

첫눈에 감정이 꽂히면 끝까지 가는 사람이 있다. 처음에 좋으면 끝까지 좋고 처음에 싫으면 끝까지 싫다는 식이다. 어떤 경우에도 첫인상의 노예가 되지 마라. 그렇지 않으면 암시와 같은 몇 마디 말에 끌려가며 다른 사람이 아무리 아니라고 해도 소홀히 여긴다. 이미 첫인상부터 거짓이 박혀 앞서기 때문에 후발주자로 나선 진실이 추월하기 어렵다. 특히 첫인상에 약한 사람들이 있다.

첫인상 때 머릿속에 형성된 영상imitation이 워낙 강력해 그 후 인상은 여기에 흡수되는 것이다. 여기에 빠지지 않으려면 첫 제안이나 대상물부터 만족하려 말고 아무리 좋아 보여도 어디까지나 피상적이라 여겨야 한다.

새 술은 새 부대에 담아야 한다. 그러나 처음 포도주를 담근 통만 고집하는 농부가 있다. 그 통에 처음 포도주를 담글 때 맡았던 그 향기에 젖어 있는 것이다. 그 농부처럼 첫인상에 약하다는 것, 즉 심리적 피상성이 있다고 알려지면 교활한 자들이 악용하려 달려든다. 그러므로 마음에 첫인상과 별개로 두 번째 청문회 방을 반드시 남겨두라.

알렉산드로스는 언제나 한쪽 귀는 다른 곳에 열어두었다. 첫인상 이후 두 번째, 그리고 세 번째까지라도 새로운 소식을 부가하라. 첫인상의 포로라는 것은 무능한 열정의 노예라는 뜻이다.

험담꾼이 되지 마라

재미 삼아 떠도는 소문을 가끔 말할 수는 있지만 입만 열면 스캔들을 말하는 경우 남을 물어뜯는 사람으로 여겨진다. 특히 공적인 관계에서 더 조심해야 한다. 가십거리나 퍼뜨리는 사람으로 인식되면 중상모략의 달인에게 이용당한다. 그들이 당신 입을 특정인을 공격하려고 나팔로 악용한다는 것이다.

농담이라는 핑계로도 남의 명예를 짓밟지 마라. 그렇게 당한 사람들이 복수하려 모이면 비방하고 다닌 그 한 사람은 크게 당하기 쉽다. 험담도 자꾸 하다 보면 늘고 그 재미에 길들여진다. 이런 재미야말로 패가망신하는 악취미이니, 험담을 결코 대화 주제로 삼지 마라.

인생 여정의 3단계

인생의 여정을 우연에 기대지 말고 합리적으로 분배하라. 그러면 즐길 수 있다. 사는 데 재미가 없다면 기나긴 여행길에 주막 하나 없는 것처럼 삭막하게 된다. 다양한 지식이 다양한 재미를 알려주니 생의 첫 단계는 삶의 여정을 이미 마친 선현들과 대화로 시작해야 한다. 선현들의 경험과 지혜를 배우는 것이다.

두 번째 단계는 현재 사는 이들과 함께할 줄 알아야한다. 혼자만 잘살면 무슨 재미가 있겠는가. 동시대 사람과 더불어 좋은 것을 모두 보고 느끼고 깨닫는 것이다.

생애의 마지막 단계는 은거하든, 자연인이 되든 오롯이 자신만을 위해 보내라. 삶의 석양에서 쾌락은 한 명의 철학자가 되는 것이다.

너무 늦지 않게 눈을 떠라

인생에는 다 때가 있다. 생의 주기에도 아이, 소년, 청년, 성인, 노년 등 그 시기마다 발달 과업이 있으며 하는 일도 적당한 때가 있다. 배움의 과정도 그렇다. 사회에 나오기도 전에 경쟁 교육에 매몰되면 인간성을 망친다. 용서도, 분노도, 사랑도 때에 맞아야 한다. 버스가 지나간 다음에 손을 흔들어 보아야 소용없다. 철 지난 얘기란 넋두리에 불과한 것이다.

꼭 보아야 할 것이 사라진 후에 보겠다는 사람이나 들어야 할 것이 사라진 뒤에 듣겠다는 사람이 있다. 그래서 눈을 떴다고 다 보는 것도 아니고, 본다고 다 주시하는 것도 아니다. 때를 보는 분별력과 활력이 있어야한다. 인생의 게임이란 술래잡기임을 기억하라. 이 놀이에서 사람들은 때에 무감각한 자를 술래로 만들어 표적삼는다는 것을 잊지 마라.

무엇을 하든 어설프게 하지 마라

물가에 내놓은 어린아이처럼 어설퍼 보이지 마라. 당신이 어설퍼 보이면 아끼는 이들은 노심초사할 테고 싫어하는 이들은 형편없는 자라고 더 무시할 것이다. 그런 식으로 한번 인식되면 그 모습이 오래 기억에 남는다.

어떤 일이든 손을 댔다 하면 확실하게 매듭지어야지 하다 만 것처럼 해서는 안 된다. 하나를 하더라도 완성해서 내놓아라. 자꾸 미완성인데 내놓으면 기억에 남아 완성된 것을 내놓아도 꺼림칙하게 여긴다. 끝이 좋으면 부족했던 과정도 이해된다.

음식도 식재료와 조미료 등이 아무리 많아도 맛있게 요리되어야 먹을 수 있다. 그렇지 않으면 식욕을 일으키기는커녕 입맛까지 잃는다. 과정이 아무리 좋았어도 마무리가 깔끔하지 않으면 의미 없다. 그래서 위대한 거장들도 자기 작품이 미완 상태에서는 노출되지 않도록 했다. 자연도 싹이 트기 전에는 땅속에 둔다.

장사꾼의 감각을 길러라

아무리 많이 안다 해도 실용성이 없으면 무슨 소용이 있을까. 아무리 똑똑해도 일상의 원리를 모르면 잘 속기 마련이다. 수준 높은 얘기에 빠져 지내느라 현실을 보지 못하기 때문이다. 그들이 아는 것과 대중이 아는 것에 교집합이 없기 때문에 대중에게 피상적인 존재가 된다. 대중은 그들을 세상 물정 모르는 철부지라고 여긴다.

생각만으로는 세상이 돌아가지 않는다. 비범한 지식에 파묻힐수록 실용적인 것 중심으로 돌아가는 일상이 고상해 보이지 않을 수 있다. 그러나 일상 없는 삶은 불가능하다. 그래서 재치있는 자들은 장사꾼의 기질을 지켜보며 많이 깨닫는다. 그러면 헛똑똑이라는 비웃음을 당하지 않는다.

~~ 233 ~~
상대의 취향을 저격하라

사람마다 취향의 과녁에 차이가 있어 상대가 어떤 취향인지 알고 가까이하면 좋은 관계를 만들 수 있다. 내취향만 강요하면 사람 무시한다며 분노를 산다. 취향의 다양성을 고려할 줄 아는 사람이 사교의 달인이다.

내가 사탕을 좋아한다고 하여 상대가 싫어하는 줄도 모르고 자꾸 내밀면 곤혹스러워하다가 멀리 가버린다. 개가 꼬리치면 좋아하는 사람도 있고 기겁하는 사람도 있다. 아부나 칭찬을 바라는 사람도 있고 거북해하는 사람도 있다. 만인 앞에 소개하는 것을 좋아하는 사람도 있고 그렇게 하지 않기를 더 원하는 사람도 있다.

천차만별인 취향을 모르면 관계를 좋은 방향으로 안내하는 나침반을 잃은 것이다. 그러면 남을 웃긴다는 것이 되레 상처를 주고 돕는다며 폐를 끼치고 칭찬한다며 모욕을 주고 수다를 떤다며 재미는커녕 지루함만 주고 만다.

234

명예는 위탁하는 것이 아니다

당신의 허락이 없는 한 누구도 당신의 초상, 경력, 학력 등을 함부로 작성하거나 돌리지 못하게 하라. 공적 삶에서 최소한의 안전장치가 사생활 보호다. 공적 배려 없이 개인의 명예만 훼손하려는 의도로 터뜨리는 폭로는 모두를 위태롭게 한다.

자신의 명예가 소중한 만큼 상대의 명예도 소중하다. 내 명예를 결코 다른 사람에게 위임하지 마라. 누군가 내 명예를 훼손한다면, 어떤 간계인지 알아내고, 당신에게 유리한 증거를 확보해 두라.

부탁해야 할 때는 부탁할 줄도 알아야 한다

어떤 이에게 힘겨운 일도 다른 이에게는 쉬운 일이 있다. 누가 부탁하면 거절을 못 하는 이도 있고 무조건 거절하는 이도 있다. 거절할 줄 모르면 열쇠 없는 금고처럼 금방 탕진한다. 그렇다고 거절만 하면 외딴섬에서 사는 구두쇠가 된다.

이들에게 부탁하려면 무엇보다 절묘한 수완이 필요하다. 평소에 의무를 충실히 이행한 바탕 위에 한창 기분 좋을 때, 더할 나위 없이 만족스러워서 너그러워져 있을 때, 바로 그때가 요구할 수 있는 절호의 기회다. 이때도 일방적으로 요구하지 말고 요구 사항을 고조된 기분과 궁합이 맞는 안건으로 치장하여 내놓아야 한다. 그럼에도 이미 다른 사람이 요구했다가 거절당했던 내용이라면 별 소용없다.

평소에 덕을 쌓아두라

다람쥐는 도토리나 상수리를 여기저기에 묻어놓고 하나씩 찾아 먹는다. 그 덕분에 싹이 나고 나무가 되어 또 다람쥐에게 먹이를 제공한다.

할 수 있다면 평소에 훗날 보답하도록 은혜를 베풀어라. 당연히 대가를 받을 자격이 있다고 생각하기 전에 혜택을 베풀면 그만큼 조건 없이 잘 돌봐준 고마운 이가 되는 것이다. 미리미리 베푼 호의는 먼 훗날까지 신선한 여파가 이어진다.

첫째 깊은 감동을 아로새겨 평생 은인이 된다.

둘째 은혜를 어떤 식으로든 갚고자 하는 자발적 의무감을 품게 한다.

이것이 한때 우월한 사람들과 잠시 어려웠던 사람들이 교환하는 '조건 없는 호의와 의무감'이다. 그러나 큰 도움을 받고도 훗날 별것 아니라고 여기는 지각 없는 사람도 간혹 있다.

윗사람의 비밀을 알았다 해도
자랑하지 마라

윗사람의 비밀을 알았다고 해서 과실을 얻으리라 생각하지 마라. 과실은커녕 껍질이나 치워야 할 수도 있다. 상사의 비밀을 안다며 신기한 것처럼 자랑하다가 포크로 찍어 먹는 빵 조각 같은 신세가 되기 쉽다. 자기 비밀을 공유하고 싶어 하는 왕자는 없다. 이들은 거울도 자신의 추한 몰골을 비춘다면 바로 깨버린다.

사람들은 누구나 자신의 인간적으로 허약한 모습을 본 이들을 그다지 좋아하지 않는다. 더구나 자신이 지금 존중받는 자리에 있다면…. 권력자는 더욱더 그러하다. 그에게 당신 비밀을 속까지 다 알고 있다는 부담을 주지 마라. 특히 친구를 믿는다면서 비밀을 나누는 위험한 짓은 하지 마라. 그 순간 자신을 그 친구의 노예로 만들게 된다. 공익과 관계있는 일이 아니라면 윗사람의 사사로운 비밀은 듣지도, 말하지도 마라.

☜ 238 ☞

부족한 부분을 알고 있어야 한다

자기 모습에 취해 있던 나르시스처럼 능력 있는 사람 가운데 자기 잘난 맛에 취해 크게 성공하지 못한 사람들이 많다.

잘생겨서 그런지 너무 거만해.

열심히는 하는데 마무리와 정리·정돈을 못 해.

말은 청산유수인데 진정성이 없어.

그 사람 자기 머리만 믿고 성실하지 못한 게 흠이야.

무엇이든 솜씨 있게 잘하는데 너무 엄격해.

이런 말을 듣고도 개선하지 않는 것은 본인이 심각하게 여기지 않기 때문이다. 그 대신 자신의 출중한 능력이 질투받고 있다고 본다. 주변의 평가를 무시하지 말고 사실인지 파악해야 자신을 개선한다. 그런 개선이 모여 제2의 천성이라는 아름다운 습관이 된다.

혁명이 아니라면 개선이 답이다

혁명이라면 기존의 판을 다 엎고 새로 판을 짤 수 있다. 하지만 기존의 판에서 해야 할 일이라면 너무 서두르지 마라. 아무리 좋은 일도 파격적이면 공감을 사지 못한다. 얼마만큼 공감을 얻어내느냐가 이행 가능한 진리다.

이상적인 담론일수록 더욱 센스 있게 접근해야 한다. 너무 구체화해서 당장 하려고 들면 이해가 덜 된 사람들이 공감하지 못하고 세부 사항이 왜곡되거나 흐지부지되고 만다.

많이 알고 앞서가는 것이 좋기는 하지만 아직 따르기를 머뭇거리는 사람들을 무지하다며 꾸짖지는 마라. 결국 분쟁으로 이어져 좌절하게 된다. 역사적으로 그런 사례가 얼마나 많은가. 혁명을 할 수 없다면 현실적 개선책이야말로 가장 실용적이다. 그런 감각을 기르라.

가끔 바보처럼 보여라

오직 느리게만 걸을 수 있는 자는 달릴 수 없다. 잘 달리는 사람이 필요하다면 느리게 걸을 수도 있다. 원래 어리석으면 무엇이 어리석은 줄 모른다. 현명한 사람만이 무엇이 어리석은지 알고 일부러 어리석은 척도 해보는 것이다. 무지한 것처럼 보여 원하는 것을 얻어내기 위해서다.

매미가 개미의 리더가 되려면 개미처럼 움직여야 한다. 바보들 가운데 현명해도, 현명한 자들 가운데 바보여도 아무 소용없다. 군중이 어리석으면 현명한 이를 없앤다. 그러니 그들의 언어로 말하라. 어리석은 척하는 자가 바보가 아니라 그러지 못해 고통받는 자가 바보다.

어리석은 척하는 자를 가식이라고 비판하는 순진함이 진짜 어리석음이다. 어리석은 사람들에게 사랑받고 싶은가. 먼저 그들처럼 단순하고 직설적으로 꾸며라.

241

농담을 즐기되 냉소하지는 마라

설령 희롱당한다 해도 꾹 참아야지 덩달아 희롱하지는 마라. 참는 것이 예의이며 덩달아 희롱하는 것은 더 황당한 상황으로 이어질 수 있다. 남의 잔칫집에서 화를 내면 야수 같은 사람이 되지만 적절한 농담은 흥취를 더해준다.

혼자 얼굴을 찌푸리며 짜증 내는 것도 다른 사람들을 짜증 나게 하는 짓이다. 그런 사람을 보거든 내버려두는 것이 서로에게 좋다. 농담도 상황에 맞춰서 하라. 농담 중에서도 개인을 꼭 찍어서 냉소하는 것은 피해야 한다. 그럴 바에는 침묵을 지켜라. 농담을 꺼내기 전에 가볍게 웃어넘길 수 있는 내용인지를 먼저 살펴보라.

고비를 넘어섰다고 안주하지 마라

시작이 반이다. 하지만 마무리되지 않으면 아무것도 아니다. 처음에 온 힘을 기울였다가도 중간쯤 흥미를 잃는 사람들이 있다. 이런 식이면 어떤 일도 결론을 내리지 못한다. 새로운 기획을 잘 내놓기는 하는데 실행하지 못하는 이들도 있다. 모두가 어물쩍대기 때문이다. 이런 정신으로는 명성을 얻지 못한다.

벨기에 사람들처럼 인내를 잘하면 그 일 자체로 마무리되지만 스페인 사람들처럼 흥이 많고 조바심을 잘 내면 일을 마무리 짓는 것보다 새 일거리를 만들어내기가 더 쉽다. 그들은 고비를 넘을 때까지는 최선을 다하지만 고비를 넘어서면 그것으로 만족한다. 능력이 충분한데도 승리의 깃발을 꽂으러 종점까지 달릴 생각을 하지 않는 것이다. 네 채석장을 씻어내는 것만으로 만족하지 마라. 그 돌을 쪼개야 대리석이 나온다.

순결하면서도 영특해져라

비둘기처럼 순결하되 뱀처럼 영특해져라. 세상을 잘 모르고 착하고 정직하기만 한 사람처럼 속이기 쉬운 사람은 없다. 꼭 어리석어야만 속는 것이 아니라 너무 순진해도 잘 속는다. 이들은 무가치하고 허황한 요설까지 잘 믿다가 낭패를 본다. 그렇게 직접 당했거나 당한 사람을 봐야 깨닫는다.

진실하되 세상에는 천사와 악마가 함께 있다는 것도 알아야 세파를 헤쳐나갈 수 있다. 사냥할 때는 올가미를 써야 할 때가 있듯이 다른 사람의 참뜻을 알려면 영특해야 할 때가 있다. 인간 속에는 순결한 비둘기와 영특한 뱀이 있다. 이들 중 하나만 키우면 괴물이 된다. 둘을 함께 잘 기르면 세상을 헤쳐나가는 천재가 된다.

필요한 사람이라면 이렇게 묶어두라

어떤 목적을 이루기 위해 꼭 필요한 사람이라면 떠나지 못하게 묶어두는 방법을 알아야 한다. 그렇다고 강제로 붙들면 더 빨리 달아난다. 상대의 선의에만 기대는 것도 안심할 수 없다. 내가 해야 할 의무도 그들의 의무가 되게 하여 공동책임자로 만들고, 어떤 보상이 있을 때 내가 베푸는 것처럼 해라. 그래야 끝까지 같이 간다.

내가 받는 칭찬과 이익도 그들이 받는 것처럼 하면서 가끔 질문을 던져 주의를 다른 데로 돌리지 못하게 하라. 이런 관계를 다른 사람들이 매우 선망하는 것처럼 넌지시 알려라. 이런 수완은 비범한 것으로 의무의 순서나 누가 누구에게 신세를 졌는지도 헷갈리게 한다.

아첨 같은 칭찬도 해서 그들이 주인공인 것 같은 착각도 일으켜라. 그러면 그들이 인생을 걸고 목적을 이루려 덤벼들며 자발적 의무감에 따라 움직인다. 한마디로 그들이 나와 공동운명체라 여기도록 하라.

반복적·무조건적 '예'는 독이다

누군가 당신에게 무조건 '예'라고만 한다면…. 그는 당신을 아끼는 것이 아니라 자기만 아끼는 것이다. 그러한 아첨에 속거나 길들여지면 장차 혹독한 대가를 치르게 된다. 오히려 아첨은 꾸짖고 쓴소리는 칭찬해야 한다. 그것이 자신의 명예를 지키는 길이다. 사람들은 얼마든지 생각과 달리 표현할 수 있다. 조건 없이 반복적인 '예'처럼 무성의한 답변도 없다. 독창적인 관점이 없기 때문이다.

반증이 없는 논리는 화석 같고 종교 같은 것이다. 종교 중에도 반증을 허용하지 않는 집단은 사회에서 차츰 멀어진다. 사람들은 얼마든지 속으로는 긍정하면서도 겉으로는 부정할 수 있고 속으로는 부정하면서도 겉으로는 긍정할 수 있다. 그래서 어떤 이는 당신이 헛발질할 때도 '예'라고 하여 좋은 길로 가지 못하게 한다.

246

구하지 않을 때는 주지 마라

묻지도 않는데 가르쳐주지 마라. 뭔가 아쉬워 소곤 댄다고 여긴다. 궁금해하지도 않는데 먼저 설명하지 마라. 자기 관심사로 유도하려 한다는 느낌을 준다. 상대 가 몹시 원하지 않는데도 만족스럽게 해주겠다고 결코 먼저 나서지 마라. 뭔가 아쉬운 사람처럼 본다. 내 능력 이상으로 호의를 베푸는 일도 바람직하지 않다. 그렇게 하다가 안 해주면 처음부터 안 주는 것만 못 하다. 누구 든 일방적으로 계속 받기만 하다 보면 권리인 줄 알게 된다. 그러다가 끊는다면 권리 침해라고 여겨 증오한다. 필요하지 않은데 미리 주는 것도 방종할 기회를 조장하 는 것이다.

상대가 원할 때 필요한 만큼 내 능력 범위에서 하되 좋은 일을 할 때도 역시 자신과 상대의 정체성을 지켜야 한다. 그래야 상호 신뢰가 지켜진다.

～ 247 ～
더 많이 알고 조금 더 절제하라

어떤 이는 반대로 말한다. 조금 덜 알고 좀 더 즐기자고. 충분히 알고 조금 더 절제하는 것이 낫지 조금 알고 과잉 행동하는 것은 위험하다. 우리가 진정 소유할 수 있는 것은 시간뿐이다. 아무리 많이 가져도 시간이 없으면 아무것도 없는 것이다. 가진 것이 아무것도 없다 해도 시간만 충분하다면 다 가질 수 있다.

소중한 시간을 인위적인 일이나 사치로 낭비한다면 얼마나 불행한가. 잘 알지도 못하고 오직 일에만 눌려 사는 것을 부러워 마라. 그래야 마음이 복잡하지 않다. 진정한 앎 없이 진정한 삶도 없다.

248

지나온 과정을 보고 판단하라

단편적인 것은 단서에 불과할 뿐이니 종합적인 것으로 판단해야 한다. 그럼에도 항상 최신 정보만 중시하는 불합리한 사람들이 있다. 그들은 최신 정보가 생기면 바로 그 이전까지 정보에서 나온 인상적인 것은 지우개로 지우듯 모두 무시한다.

그러나 새로운 소식은 늘 있게 마련이며 어제 다르고 오늘 다르고 내일 또 다를 수 있다. 그럴 때마다 판단이 바뀐다면 아무것도 얻지 못한다. 그뿐 아니라 변덕쟁이가 되어 친구로서 가치도 없다. 그들은 평생 어른아이로 산다. 몸은 어른인데 생각하는 것은 아이처럼 감정과 의지가 불안정하고 늘 우왕좌왕한다.

～ 249 ～
해야 할 일부터 먼저 하라

일이란 무엇이든 우선순위가 있다. 쉬운 일이냐 어려운 일이냐를 따지지 말고 급한 일부터 먼저 하라. 나중에 해도 될 일부터 먼저 손대면 점점 초조해진다. 여유가 있다고 하여 휴식부터 하고 보자는 식으로 미루지도 마라. 그런 휴식은 걱정거리를 뒤로 미루는 짓이다.

아직 여유가 있을 때 해야 할 일을 하나하나 정리해보라. 그 쾌감이 얼마나 큰지 경험해보면 안다. 언제나 필수적인 것을 먼저 하고 부가적인 것은 여지가 있을 때 하는 것이다. 싸우지도 않고 이기려는 사람이나 중요하지 않은 것을 먼저 하는 사람은 열심히 한다면서 정작 명성과 소득을 줄이는 짓을 하는 사람과 다를 바 없다.

그렇게 일하면 우선순위대로 일한 사람들이 행운을 누릴 때 계속 헛발질을 해야 한다. 일하는 순서야말로 삶의 필수 지식이다.

칭찬과 비난이 다 좋은 것도
꼭 나쁜 것도 아니다

진지하게 대화하는 도중에 수시로 주제를 바꾸며 다른 방향으로 몰고 가려 할 때가 있다. 특히 의도적으로 어떤 스캔들을 언급한다. 이럴 때는 그가 하는 모든 것을 반대로 해석해야 한다. 즉 '아니요'는 '예'이고 '예'는 '아니요'다. 그가 어떤 것을 무시하면 그게 바로 중요한 것이다. 그것을 자신이 차지하려고 거짓말하는 것이다. 반대로 어떤 것을 침이 마르도록 중시하면 하찮은 것이다. 그것을 떠넘겨 부담을 주려는 것이다.

따라서 좋은 말만 한다고 해서 다 좋아하고, 비난만 한다고 해서 싫어하기 전에 먼저 일부러 그러는지를 분간해야 한다. 그래야 상황을 잘 파악할 수 있다.

6장

누구나 자기가
합리적이라고 생각한다

달리 설명할 필요가 없는 거장의 규칙

인간은 신이 아니니 인간의 방식을 사용하라.

만약 원칙에만 신성하게 매달리고 싶다면 신이 되어라.

너무 이기적이지 않게, 너무 이타적이지 않게

너무 이기적이거나 너무 이타적인 것은 둘 다 학대의 야비한 형태다. 오직 자신만을 위하는 자는 모든 것을 자기만을 위해서 가지려 한다. 조금도 양보하지 않으며 자기 편한 것은 사소한 것도 잃지 않으려 한다. 그들 중 드물게 행운에 기댄 자도 있지만, 그렇게 기대기만 하는 행운은 일반적으로 깨지게 되어 있다. 사람으로 산다는 것이 무엇일까? 내가 다른 이들에게 속하기도 하고 다른 이들이 내게 속하기도 한다는 것이다. 그것이 편리하기 때문에 일반적이다.

공직에 있으면 공공을 위해 일해야 한다. 아니면 직위와 직책을 내려놓아야 한다. 로마제국을 순행하던 하드리아누스 황제가 억울한 사정을 풀어달라며 통곡하는 노파에게 말했던 것처럼.

"내가 황제라면 저 노파와 같은 민중의 소리도 들어야 한다. 그러지 않으면 황제 자격이 없다."

다른 한편으로 지나치게 이타적인 사람들이 있다. 이들은 다른 이들의 노예라 불릴 만큼 단 하루도 자기를 위한 시간이 없으며, 다른 사람 일은 잘 알면서도 자기 일은 잘 모른다. 이런 자기학대에 빠지지 않으려면 인간의 속성을 잘 알아야 한다.

'보통 누가 당신을 찾을 때는 자기가 필요해서이지 당신의 필요를 위해서가 아니라는 것을.'

너무 많이 설명하지 마라

사람들은 자신이 알고 있는 것은 귀하게 보지 않고 모르는 것은 신기하게 본다. 그러니 너무 구체적이지도 않고 너무 애매하지도 않게 설명하라. 우대를 받으려면 그 값을 치러야 하는 것처럼 잘 이해되지 않고 신기하게 해주어야 그만큼 과대평가한다. 상대가 요구하는 것보다 더 속 깊고 지혜롭게 보여야 한다.

그렇다고 너무 과장하지 말고 적당히 정교하게 치장하라. 물론 이것도 통찰력* 있는 이들에게는 통하지 않는다. 사람들은 대부분 약간만 치장해도 잘 통한다.

당신이 추구하는 일에 그들도 몰두하게 하여 비난할 틈을 없애라. 사람들은 이유도 잘 모른 채 숭배한다. 그냥 그렇게 믿고 싶은 것이다. 미지의 것을 신비로운 것으로 여기고 찬양하는 이유는 남들도 찬양하기 때문이다.

---

* 통찰력(prudente)은 주의 깊게 전후좌우와 맥락을 살피는 전략적 사고다.

준비하면 근심할 게 없다

큰 댐도 작은 구멍으로 허물어지기 시작한다. 사소한 악, 우연찮은 잘못이라도 주의하라. 악은 결코 혼자 오지 않는다. 물론 행운도 마찬가지다. 서로 연결고리처럼 잇따른다. 행운은 행운대로 불운은 불운대로 비슷한 처지를 끌어들인다. 그래서 악을 도모하는 것 같은 태도, 말투 등을 멀리하고 선을 도모하듯 해야 한다. 비둘기도 하얀 담벼락 위에서 순결함을 드러내지 않는가.

악을 도모하다가 드러나면 평소 주장했던 좋은 언약과 따라오던 행운도 멀어진다. 한두 번 미끄러질 수 있다. 그 정도에서 멈춰야 한다. 계속 미끄러지다 보면 그 끝에 잠자고 있던 불행을 깨우게 된다. 그나마 다행으로 세상에 완전한 행복이 없듯이 완전한 불행도 없다.

세상에 인력으로 되는 일이 있고 안 되는 일이 있으니 내 힘으로 안 되는 일은 인내하고 기다리며 할 수 있는 정도껏 잘 대처하라. 그것으로 충분하다.

〜 255 〜
단박에 전부보다는 자주 조금씩

사람들은 너무 큰 은혜를 받으면 훗날 부담스러워한다. 특히 자존감이 강한 사람은 자존의 근거가 상실된다고 여긴다. 은혜를 베푼 사람 때문에 오늘의 내가 있다는 사실을 인정하기 싫은 것이며, 오늘의 나는 내 노력의 결과여야 하기 때문이다. 존재감을 압도할 만큼 은혜를 받았을 때는 다시 갚아주기도 어렵다. 이런 부채의식을 지니고 사는 것이 싫어서 작은 도움보다 큰 도움을 더 잘 무시하려는 것이다.

한 번에 조금씩 자주 좋은 일을 하라. 그럼 어느 정도가 적당할까? 받은 사람이 돌려주려고 마음먹으면 가능한 정도다. 그래야 수혜자도 편하게 존경한다. 단번에 너무 많이 주면 베푸는 것이 아니라 자존감을 송두리째 사는 것이다. 은혜를 모르는 자들에게 더욱 그러하다. 이들은 호의를 베푼 자들이 어려워지면 관계를 단절해버린다.

너무 많은 자비를 베풀었다가 사람까지 잃은 일들이 무수하다. 우상은 자기를 만든 조각가를 보기 원하지 않으며 은혜를 받은 자도 은인을 자주 보기 싫어한다. 자비의 미묘성은 상대가 원하는 것보다 조금 미흡하게 주어야 더 존중받는다는 데에 있다. 인간관계에서 단번의 과도한 선은 독이고, 수시로 과소한 선은 보약이다.

어리석은 자들에게는 정중함이 답이다

어리석다는 것은 통찰력이 없고, 앞뒤 가리지 않고 따진다는 것이다. 이들은 입도 가벼워 잘못 대응했다가는 악평이 나기 쉽다. 무식하고 무례하고 불성실하고 철면피한 자들을 어떻게 대해야 할까? 어쩔 수 없이 만나더라도 험상궂은 격돌은 피하는 것이 상책이다. 사이렌 소리에 귀 막고 항해했던 오디세우스를 모델로 삼아라.

인간적 교류의 길에는 신뢰를 깨뜨리는 웅덩이가 많다. 우발적 사태로 명예가 추락하지 않도록 사전에 무장하고 있어라. 이렇게 대비하면 어떤 무례한 짓에도 무장해제되지 않는다.

살다 보면 어리석은 자들과 부딪쳐야 할 때도 있다. 그들이 문제를 일으키려고 무례하게 행동할 때도 모른 척하고 정중하게 공적으로 정확하게만 대하라.

떠날 때는 말없이, 그러나 원한은 남지 않도록

만남과 이별의 연속인 삶에서 짧게 스치듯 만나면 이별도 그만큼 쉽다. 만남이 길면 긴 만큼 이별의 고뇌도 깊어진다. 그럼에도 헤어져야 할 때가 있다. 잘 만나는 것 못지않게 잘 헤어지는 것도 중요하다.

어떤 이별이든 회한은 남지 않게 해야 한다. 사람은 오늘의 시점으로 과거를 돌아본다. 오늘 좋으면 과거의 어려움도 미화되며, 오늘 싫으면 과거의 열정도 착각으로 비친다. 헤어져야 할 때라면 좋게 정리하라. 불같이 화내고 막말을 해봐야 헤어진 후에도 그 모습만 남는다. 그뿐 아니라 좋았던 감정이 증오로 바뀌며 친구라도 적으로 돌변한다. 뜨거웠을수록 한이 맺히면 차가운 서리가 내리는 법이다.

독수리에게 쫓겨 다니던 토끼가 딱정벌레에게 도움을 청했다. 그래서 딱정벌레는 독수리에게 토끼를 살려달라고 했지만, 독수리는 비웃으며 토끼를 낚아채 가버렸다. 자존심이 상할 대로 상한 딱정벌레가 독수리 둥지를 찾아가 알을 땅에 떨어뜨려 깨버렸다. 화가 난 독수리가 딱정벌레를 죽이려고 했으나 워낙 작아서 잡을 수 없었다. 할 수 없이 더 높은 나무에 둥지를 틀고 알을 낳았다. 딱정벌레가 그곳까지도 찾아가 알을 땅으로 떨어뜨려 깨뜨렸다. 제우스도 안타깝게 여기고 독수리보고 '내 무릎에 알을 낳으라'고 했다. 이를 본 딱정벌레는 제우스 머리 위에 올라가 자기 똥을 굴려 제우스 무릎 위로 떨어뜨렸다. 제우스가 기겁하며 벌떡 일어나는 바람에 독수리 알이 떨어져 또 박살 나고 말았다.

～ 258 ～
어려울 때 함께할 사람이 있나

고뇌를 함께해줄 이를 찾아라. 그러면 위기의 순간에
도 혼자가 아니라는 것, 증오의 짐도 함께 나누어서 질
수 있다는 사실로 삶이 한결 가뿐해질 것이다.

높은 자리에 있을 때 성공의 영광을 혼자 차지한 사
람은 그 자리에서 내려오면 모든 굴욕도 혼자 감당해야
한다. 그런 사람을 위해 누가 변명해주고 누가 더불어
짐을 지려고 하겠는가.

홀로인 자들에게 운명이 두 배의 압력으로 다가온다
면, 두 사람이 함께하면 운명이든 군중이든 너끈히 버텨
낼 수 있다. 그래서 옳지 않은 재물로라도 친구를 사귀
라고 하는 것이다.

259

적의 숫자를 늘리지 말고 줄여라

자꾸만 없는 적도 늘려가는 사람이 있다. 그러지 말고 있는 적도 줄여야 한다. 누가 듣기 싫은 소리 좀 했다고 당장 얼굴을 붉히면, 다른 사람들은 그 싫은 소리가 맞는 말이라고 짐작하게 된다. 그럴 때는 과민반응을 하기보다 피하는 것이 낫다.

현명한 사람이 되고 싶은가. 경쟁자를 친구로 만들고, 공격하던 적을 우리 명예의 수호자로 만들어라. 그렇게 전향한 자들은 그동안 보였던 적의를 대신해 보답하려면 어떻게 순응해야 할지 잘 안다. 이러니 얼마나 힘이 되겠는가. 이것이 염려를 즐거움으로 바꾸는 재치다. 적대시하는 어떤 사람의 마음을 당신에 대한 호감으로 바꿔놓아 보라.

누구에게도 전부를 주거나
누구의 전부도 가지려고 하지 마라

자녀나 연인이나 친구나 누구든 사랑한다고 올인하지 마라. 그들에게도 당신에게만 올인하라고 요구하지마라. 인간은 개인이 누구에게 완전히 속하거나 누가 한 개인을 완전히 지배할 수 없다. 그것이 인간의 존재론적숙명이다.

아무리 친밀한 관계라도 이 숙명을 넘어설 수 없다. 왜? 각자 영혼이 있기 때문이다. 전적 신뢰와 전적 소유는 다르다. 신뢰는 객체를 믿는 것이고 소유는 객체를 주체 속에 빠져들게 하는 것이다.

아주 가까워도 각자 비밀이 있게 마련이며 이를 깨려고 할 때 관계도 금이 가기 시작한다. 나나, 너나 어떤 이야기를 비밀로 덮어둘지 털어놓을지는 사람에 따라 구분해야 한다. 아이도 부모에게 무언가 숨길 게 있는 법이거늘 다 자란 후에는 오죽하랴.

261

틀렸음을 알았다면 얼른 고쳐라

헛발인 줄 알고 나서도 계속 헛발질하는 사람들이 있다. 왜 그러할까? 체면 때문이다. 틀렸다는 것을 인정하면 위신이 깎인다고 보아서 잘못된 길인 줄 알지만 끝까지 완주해 자신의 강인한 의지라도 보여주려는 것이다. 하지만 그 길로 계속 가다 보면 절벽에 다다르고 그때 가서 돌아서려고 해도 방법이 없다.

잘 몰랐을 때 한두 번 어리석은 짓을 할 수 있지만, 알고 나서도 체면 때문에 계속한다면 무모한 바보가 된다. '못 먹어도 고'라는 말은 카드놀이를 할 때나 하는 것이다. 인생은 카드놀이가 아니라 엄혹한 실전이다. 전진하는데 실익이 없다면 돌아서 다른 길로 가야 한다.

처음 어리석은 짓을 했을 때 그만두면 좀 경솔했다는 정도로 끝나지만, 더 계속하면 천하의 바보가 된다.

잊어버릴 줄도 알아라

다 기억하는 것만이 좋은 것은 아니다. 잊을 것은 잊어야 더 좋다. 잘 잊을 수 있다는 것은 단순한 기술이 아니라 삶의 멋진 예술이다. 하지만 우리는 잊어야 좋을 일을 더 잘 기억하기도 한다. 기억은 제 멋대로일 뿐 아니라 어리석기도 해서 필요할 때는 가물거리다가 필요 없을 때는 잘 떠오른다. 그래서 좋았던 일은 무시하고 힘들었던 일만 되뇌며 자기를 괴롭힐 때도 있다. 이에 대한 유일한 치료책은 '필요한 기억을 되새기고 불필요한 기억을 잊는 습관을 들이는 것'이다.

기억도 습관이다. 좋은 기억을 하는 습관은 천국 같은 삶을 주고, 나쁜 기억을 하는 습관은 지옥 같은 삶을 준다. 습관적으로 좋은 기억을 갖고 싶으면 들에 핀 꽃 한 송이, 푸르른 숲, 헤엄치는 물고기 등 단순한 것만으로도 천진난만하게 즐거워해 보라.

소유하지 않고도 즐길 수 있으니
너무 많은 욕심을 내지 마라

소유와 인생의 낙을 동일시하지 마라. 갖지 않아도 즐길 수 있다면 굳이 내 것으로 만들 필요가 없다. 무엇이든 소유했다 싶으면 시들해진다. 남의 떡이 커 보이는 것이다. 처음 소유했을 때는 뛸 듯이 기뻐하지만 그것도 잠시뿐이다. 소유물이 훼손될까 걱정해야 하고 질리면 어떻게 처리해야 하나 고민해야 하고 보관하거나 빌려줄 때도 역시 신경 써야 한다.

소유한 것을 지키려다 보면 친구보다 적이 더 많이 생긴다. 내 것이 아니라면 그런 염려 없이 늘 새 기분으로 즐거움을 두 배로 누린다. 세상의 모든 즐거움이 다 그렇다. 내 것일 때보다 내 것이 아닐 때 노심초사하지 않고 마음껏 즐기는 것이다. 물도 다른 이의 우물에서 길어 마시면 꿀맛이다.

~~ 264 ~~
방심하지 않는 것이 잘 즐기는 것이다

마음이란 지키는 것이지 놔버리는 것이 아니다. 내려놓아야 할 것은 과도한 욕심이다. 즐거움은 마음에서 나온다. 방심하지 않아야 부조리한 일에 빠지지 않는다. 우연은 운명이라는 이름으로 장난치기를 좋아해서 방심하는 틈에 우리를 조롱하려 한다. 그러니 지식과 통찰력과 용기, 아름다움까지 동원해서라도 우연에 대비하라.

방심하는 나날을 지속한다면 불신의 날을 만날 것이다. 평소에 조심하던 사람도 어쩌다 한 번 한눈판 사이에 실족하기도 한다. 방심하면 무분별하기 쉽고 파멸의 길로 가기 쉽다. 평소에 방심하지 않는 연습을 실전처럼 해두어야 실전에서도 연습처럼 힘들이지 않고 방심하지 않는다.

위기는 재능을 발견하는 기회다

사람이 엄청난 위기에 처하면 자신도 모르게 초인적인 힘이 솟구치기도 한다. 기적은 절박한 상황에서 잘 터진다. 물에 빠진 사람이 살아나려 발버둥 치는 가운데 수영을 익히듯 절체절명의 위기에서 숨겨진 재능과 용기와 순발력을 자신도 모르게 발휘하는 사람들이 많다. 만약에 그런 절박한 순간이 없었다면 그의 자질들은 평생 발굴되지 못했을 것이다.

위기는 명성을 만드는 기회다. 이것이 삶의 법칙이다. 이사벨라 여왕이 이 법칙을 이용해 불세출의 인물들을 배출해냈고, 여왕의 수비대장도 이 법칙을 따라 큰 명성을 누렸다.

개인적으로 착하다고
모두에게 좋은 것은 아니다

착한 사람이 모이면 착한 사회가 될까? 개인이 착하다 해도 이기주의에서 벗어나지 못하면 사회는 더 삭막해진다. 그들 중 내 가족, 내 자식 등에게만 관심을 쏟으면서 사회적 불의에 둔감한 사람들이 많다. 자기와 가족만 좋으면 언제나 웃는 얼굴이다. 구조적 억압으로 고통당하는 현실을 파악할 능력도 의지도 없는 것이다. 인생사에 갖가지 일이 많듯 사람 감정도 그와 대응해 다양하게 느끼는 것이 인격적이다.

불의가 뭔지도 모르고 오직 착한 모습만 좋다는 단순 논리로 빠진다면 도리어 악을 조장하는 행위가 된다. 불의를 보면 분노할 줄도 알고 부당한 대우를 받으면 화낼 줄도 알아야 한다. 화도 내지 않고 웃고만 다닌다는 것은 감정도 생각도 부족한 것이다. 그렇지 않다면 게으르고 무능력한 사람이라고 봐야 한다.

말과 매너가 분위기를 만든다

먼저 말이 좋아야 친화력이 생긴다. 말이 사나우면 화살처럼 귀를 뚫고 가슴에 꽂힌다. 판매의 주술사는 바람까지도 이용할 줄 안다. 냄새 마케팅을 잘한다는 것이다. 과자나 과일이나 음식을 팔 때 냄새를 물씬 풍기면 손님이 더 많이 몰려온다.

인생의 주술사도 말로 문제를 풀고, 불가능했던 일도 말로 정리한다. 말은 공중으로 날아가기도 하지만, 바람을 타고 분위기를 조성하기도 한다. 제왕도 그의 숨결로 장수들의 용기와 힘을 만들어낸다. 혀를 꿀에 적신 것처럼 달콤하게 하여 당신에게 나쁜 마음을 품은 사람조차 즐기게 하라. 달콤한 말에 비단 같은 매너가 마음의 문을 여는 열쇠다.

~~ 268 ~~

바보와 총명한 이는 일하는 순서가 다르다

현명한 자가 숲과 나무를 본다면 몽상가는 숲만 보고 나무는 보지 못한다. 그리고 바보는 나무는 보지만 숲은 보지 못한다. 하는 일만 놓고 본다면 현명한 사람은 바보가 마지막에 가서야 하는 일을 처음부터 해낸다. 둘 다 같은 일을 한다고 했을 때도 시간 차이가 난다. 어리석으면 제때 끝내지 못하고 현명하면 필요할 때 딱 마무리한다. 왜 그럴까?

바보들은 일을 시작할 때부터 뒤죽박죽이며 그 상태로 끝까지 간다. 머리로 할 일을 발로 하고, 왼쪽으로 가야 할 때 오른쪽으로 가고 오른쪽으로 가야 할 때 왼쪽으로 가는 등 하는 일이 모두 물가에 내놓은 아이처럼 미숙하다. 한마디로 호미로 막아도 충분했을 일을 가래로도 막지 못할 일로 만들어놓는 것이다. 이들을 바로잡는 유일한 방법은 강제로 옳게 일하도록 일 버릇을 잡아주는 것이다.

늘 참신한 모습으로

늘 같은 위치, 같은 여건이라도 모습은 항상 참신하게 하라. 사람들은 늘 그렇고 그런 모습보다 새로운 모습을 가치 있게 본다. 참신성은 드물기에 흥미를 끈다. 아무리 고급음식이라도 매일 똑같이 먹다 보면 평범해도 새로운 음식이 더 먹고 싶어진다.

어떤 솜씨든 고정되어 있으면 낡은 것이 되고 만다. 참신한 것도 몇 날 지나면 신물이 난다.

아직 참신하다는 갈채를 받을 때 그 열매를 충분히 활용하되 갈채가 가라앉기 전에 변신을 시도하라. 갈채의 열기가 식으면 열정도 식고 참신했던 것도 의례적이고 질린 것으로 취급된다.

270

청개구리가 되지 마라

모두 좋아하는데 혼자만 엇박자를 내는 청개구리처럼 되지 마라. 청개구리처럼 하면 미움을 받다가 하나라도 잘못하면 거센 비난을 받는다. 대중의 시대에는 만인의 정서를 거슬리면 나쁜 취향이고 부합하면 좋은 취향이다. 또 만인이 좋아할 때는 당신이 이해하지 못하더라도 그럴 만한 충분한 이유가 있다. 그런데도 비난하면 당신만 무례하고 나쁜 사람이 된다.

비난할 바에는 차라리 침묵을 지켜라. 무반응도 하나의 반응이다. 그리고 지식을 쌓아라. 싸움도 급이 맞아야 한다. 고수가 되면 하수를 비난하지 않고 이해한다. 그렇게 비난하기보다는 포용해주는 고수를 하수도 존경하는 것이다.

잘 모르면서 덤벙덤벙 덤벼들지 마라

아는 길도 물어서 가라고 했다. 잘 모를 때는 기발한 것보다 안전한 것이 우선이다. 미지의 세계에 기발한 것이 통하기도 어렵고 만약 통하지 않으면 그 위험은 감내할 수준을 넘어선다. 기발한 착상이 있어도 놓아두었다가 어느 정도 배경지식을 갖춘 다음에 시도하라. 그러면 당신을 위태하지 않은 든든한 사람으로 볼 것이다. 잘 알지도 못하고 덤벼들면 지뢰가 깔린 줄도 모르고 전진하는 군인처럼 파멸로 다가가는 것과 다름없다. 잘 모를 때는 이미 알고 있는 길이 바로 왕의 대로이니 그 길로 걸어가라.

272

기왕이면 정중하게

오는 말이 고와야 가는 말도 곱다. 누군가에게 어떤 일을 해야 한다면 의무인 것처럼 정중하게 하라. 그 대상은 해준 일에 대한 값은 당연히 치를 테고, 정중함에 깊이 감사하게 된다. 이처럼 정중한 태도는 돈을 들인 선물을 주지 않고도 상대에게 보은의 의무감을 주는 것이다.

사람이 올바르면 받은 것을 소중히 여기기에 준 사람을 존중하고 공손하게 대한다. 하지만 저속한 사람은 정중함을 헛짓으로 본다. 그들은 선한 언어의 생명력을 모르기 때문이다.

사람마다 그 기질대로 대하는 법

한 사람의 기질을 알면 그가 왜 이러는지 동기도 파악된다. 기질에 따라 여러 동기가 나타나고 그 동기가 곧 의도로 작동한다. 그래서 사람은 자기 기질대로 뜻을 품게 되어 있다. 한 사람의 기질을 파악하려면 그의 말이나 유머 감각도 참고해야 하겠지만 그보다 표정이나 버릇 등에 어떤 특징이 있는지를 잘 보아야 한다.

기질이 우울하다면 불운을 예측하는 경향이 있어 불안해한다. 이들에게는 격려를 해야 신중하게 일 처리를 잘해낸다. 야비한 기질이라면 뒤통수를 치거나 헛소문을 내려 한다. 이런 사람은 책임의 한계를 분명히 해주어야 한다. 몽상가 기질이라면 현실적 고려 없이 이상을 추구하려고 한다. 이들에게는 구체적 성과를 요구해야만 실용적 아이디어를 내놓는다. 열정적 기질은 본래 실체에 고양된 자기 기분을 뒤섞는 경향이 있다. 그 경우있는 그대로 차분히 대응하려고 해야 한다.

～ 274 ～

매력이 곧 마술이다

주는 것도 없이 미운 사람이 있고 받은 것은 없지만 좋은 사람이 있다. 이 말은 그만큼 인간의 정서가 비합리적이라는 것이다. 그 중심에 매력*이라는 자석이 있다. 여기에 끌리면 여하튼 기분이 좋아진다.

존경받으려면 공덕이 있어야 하고 성공하려면 유행을 잘 따라야 하지만, 무너지지 않는 호감을 얻으려면 매력이 있어야 한다. 분명히 유행을 잘 타는 것도 큰 행운이다. 하지만 누구나 자연스레 선호하는 매력이라는 자석으로만 대중은 고무 찬동된다.

이처럼 매력은 자연스러운 토양과 가까워 그만큼 치명적이다. 성실하면 평범하게 살 수는 있지만 대중의 눈길을 끌려면 매력이라는 자석이 있어야 한다. 매력을 지니면 실제 노력보다 더 큰 보답을 거둔다.

---

* 매력(atractiva)은 사람의 흥미와 주의를 끄는 것으로, 거절하기 어려운 호소력이나 섹스 어필, 감성 어필 등이 여기에 해당한다.

약간은 망가져라

아무리 철두철미하더라도 어울릴 때만큼은 약간 허술해져라. 그래야 사람들이 따분해하지 않는다. 누가 그렇게 할 수 있을까? 비겁한 사람들보다 자신만만한 사람들이다. 일반적인 호감을 얻으려고 약간 위엄을 내려놓는 것이다. 때로는 대다수가 좋아하는 파격적인 행동도 해보라. 물론 공중도덕은 지나치게 넘어서지 마라. 단박에 평생 일군 명성이 날아간다. 대중이 혐오하지 않는 범위에서 충분히 망가지는 것, 이것이 사생활의 슬기다.

그렇게 망가진다는 것은 우월감을 내려놓고 풀어진다는 것이다. 반대로 꼰대처럼 특별난 진상을 부리면 대중의 모멸감을 산다. 너무 건방지면 고립되고 너무 진지하면 따분한 존재가 된다. 종교적 우월감도 역시 비웃음을 산다.

생의 주기에 맞춰 가라

우리 몸의 세포는 1년이면 거의 모두 새것으로 바뀌며, 정신적 성숙은 7년마다 한 단계씩 뛰어오른다. 일곱 살 무렵 이성이 자리 잡으며 그 후 7년 정도마다 새로운 특성이 더해진다. 사람이 스물이면 공작처럼 화사하고, 서른이면 사자처럼 용맹하고, 마흔이면 낙타처럼 꾸준하고, 오십이면 뱀처럼 지혜롭고, 육십이면 개처럼 사나웠다가 칠십이면 유인원처럼 된 후 팔십을 훌쩍 넘으면 무상무념을 즐기며 보내게 된다.

이러한 변화의 단계에 맞춰 더 고급스러운 취향을 더해 가라. 그것이 자연적 변화에 맞춰 사는 것이다.

기회는 준비된 자에게 찾아온다

왜 내게는 기회가 없을까 하며 탓하지 마라. 그 대신 어떤 기회가 오더라도 내 것으로 만들 수 있도록 대비해라. 기회의 천사는 준비된 자를 찾아오지 준비도 없이 노리기만 하는 자는 찾아오지 않는다. 최고의 기회는 매일 같이 찾아오지는 않는다.

나날을 재능 계발에 이용하라. 재능을 닦는 것만이 기회의 천사를 부르는 깃발이다. 설령 재능이 적더라도 극대화해서 전시하라. 자신을 잘 전시할 줄도 알아야 한다. 그래야 많은 것을 채워 공급할 수 있다. 자기전시가 곧 실체와 연결된 제2의 실존이다.

전시능력이 뛰어난 사람은 인위적으로 기적을 창조한다. 하늘도 전시수단으로 징조를 활용한다. 재능과 전시 둘 중 하나가 없으면 다른 하나만으로는 성공하기 어렵다. 재능이 탁월해도 상황에 맞아야 하며 전시도 때가 맞지 않으면 적절하지 않다. 하지만 겉치레에 너무 치중하면 속 빈 강정처럼 실체가 빈약해진다. 허영심으로 비치고 허영은 결국 경멸과 가깝다. 적절하게 치장하여 허영을 피하라. 그래야 절제의 미학, 침묵의 웅변, 우월성의 전시라는 평가를 받는다.

고도의 은폐야말로 때로는 최고의 효과적 광고가 된다. 시야에서 사라졌다는 것 자체가 큰 호기심을 유발하기 때문이다. 자신의 탁월성을 단박에 연출하지 말고 조금씩 흘려 엿보도록 하는 것도 뛰어난 전략이다. 그러면 더욱더 흥미를 끌며 후속편을 기다리는 박수가 드높아질 것이다.

언제든 믿을 만한 사람이 되어라

어떤 일이든 악평이 나지 않도록 하라. 유능하고 성과가 좋아도 정직하지 않으면 큰 흠이 된다. 흠이 잡히면 비난을 받게 된다. 그렇게 하여 흠이 성과를 덮으면서 불신의 특이점을 지나면 악평이 나는 것이다. 악평이 만연하면 혼자 남게 된다. 심지어 미모 등 뛰어난 장점까지도 사람을 끌어들이려고 꼭 '티를 낸다'는 식으로 의심받는다. 이런 현상이 불신의 특이점에서 나타난다.

자신의 명예를 중시하고 스스로 정직하기 바란다면 내가 어떻게 보이느냐보다 나 스스로 어떤 사람이어야 하는지를 잊지 마라.

소모적 논쟁에 빠져들지 마라

심심해서 재미로 논쟁하는 거라면 다르지만 성과를 내려고 하는 회의에서 소모적 논쟁은 백해무익하다. 반발을 일으키는 데 바로 반응하지 말고 계략적인지, 습관적인지를 먼저 분별하라. 습관이라면 제지하면 된다.

그러나 교활한 의도가 있다면 주의해야 한다. 여기서 소모적 논쟁이 일어난다. 여기서 흥분하면 위험하니 소모적 논쟁을 유발하는 자들을 스파이보다 더 조심해야 한다. 이런 논쟁에서 마음을 들키지 않으려면 무반응보다 더 좋은 자물통은 없다.

280

자신의 정체성만큼은 지켜라

세상에 명예로운 거래는 희귀하고, 약속은 깨기 위해 있다고 할 만큼 신뢰가 많이 무너졌다. 최선을 다한 서비스가 최악의 보답으로 돌아오기도 한다. 오늘날 세상의 방식이 이와 같다 하더라도 자신이 누구인지는 잊지 말아야 한다.

배신이 횡행하니 언제 배반당할지 모르고 약속해도 속을 수 있다. 그러니 나도 배신하고 속이려 한다면 스스로 자존감을 짓밟는 일이다. 잘못된 풍조를 볼 때는 모범으로 삼지 말고 자존감을 지키는 경고등으로 삼아야 한다. 자존감은 고결한 영혼의 양식이며 풍조가 어떠하든 흔들이지 않는 강직한 존재 이유다.

현자에게 인정받아라

현자는 현자를 알아본다. 분별력 없는 사람의 인정은 별 의미가 없다. 그런 칭찬을 받고 고무되면 그도 분별력이 없는 사람이다. 뛰어난 사람의 가벼운 긍정도 어리석은 자들의 열광보다 훨씬 더 가치 있다. 지푸라기의 연기로는 밥을 지을 수 없다. 현자의 통찰력 있는 찬사야말로 영구적으로 만족스러운 것이다.

안티고노스 왕은 왕립극장에서 상영할 연극도 그의 명성에 맞추려고 제우스로 한정했으며 플라톤은 제자 아리스토텔레스를 나를 대변하는 학파라고 불렀다. 군주도 발언권이 있는 현자가 필요하며 때로는 통찰력에 근거한 그들의 펜을 두려워한다.

질리지 않도록 희소성을 지켜라

그대의 빈 자리가 커 보이는 사람이 되어라. 그러려면 가끔 자기 부재를 이용해 스스로 가치를 높일 줄 알아야 한다. 늘 그 자리에 있으면 귀한 줄 모르다가 한 번씩 떠나야 귀한 줄 안다. 이것이 부재의 효용 가치다.

부재중에는 무서운 사자로 여겨지던 사람도, 너무 오래 가까이 있다보면 산에 지진이 일어나 혼비백산한 사자처럼 우스워 보일 때가 많다. 상상은 시각보다 더 멀리 내다보고 각성도 청각보다 더 멀리 듣는다. 시각과 청각의 자리에서 가끔 부재해보라.

재능은 남용하다 보면 재능의 뛰어난 핵심보다 둘러싼 껍질을 더 자주 본다. 너무 가까이서 귀와 눈으로 들어온 환멸도 거리를 두면 다시 눈과 귀로 빠져나간다.

언제든 상상의 대상이 되어야만 여론의 중심에서 명성을 유지해갈 것이다. 불사조도 늘 새로운 모습으로 단장하려고 은거를 이용했고 부재로 열망을 일으켰다.

분별력 있는 호기심을 가져라

모든 발견은 호기심에서 나온다. 호기심으로 미지를 탐지한 것이 발견이며 이런 발견이 계속되면서 창조적 발명으로 연결된다. 따라서 발명의 근원 역시 호기심이다. 호기심은 '왜 그런지'에 대한 질문이며, 질문이 있어야 답이 나온다. 왜 그런지에 대한 답이 바로 하나의 원리이며, 이 원리에 대한 이해는 이와 연결된 또 다른 호기심을 불러일으킨다. 그 결과로 답을 찾으면 또 하나의 원리를 새로이 알게 된다. 이런 식으로 원리가 확장되면서 천재적 발명이 탄생한다.

창조가 천재적이라면 그 출발인 호기심은 매우 평범하다. 중요한 것은 분별력 있는 호기심이냐, 아니냐다. 무분별하고 충동적인 호기심은 야수적 본능의 추구에 불과하다. 퇴폐적이고 소모적인 것에 대한 호기심을 줄이고 진취적이고 생산적인 호기심을 늘려라. 그렇게 분별력 있는 호기심의 특별한 은총이 참신한 발견이다.

여기저기 괜히 참견하고 다니지 마라

누구든 귀찮게 하지 마라. 그런 자를 업신여기지 않을 사람이 없다. 존중받기를 원한다면 진중하게 처신하라. 자신에게는 엄격하되 남에게는 간섭하지 말고 관대해져야 한다. 남이 요청할 때 가야 인정받는다. 초대받지 않은 자리에 가는 것은 가시방석에 앉는 것이다.

누가 원치도 않은 일을 했을 때 실패하면 모든 비난을 뒤집어써야 하고 성공했다 해도 고맙다는 말을 듣지 못한다. 귀찮게 하는 것은 언제나 비난거리다.

덩달아 수렁에 빠져서는 안 된다

수렁에 빠진 사람을 할 수만 있다면 구해라. 그러나 경계하라. 물귀신같이 같이 빠지자고 할 수도 있어 자칫 하면 불행의 동반자가 되기 쉽다. 혼자 빠져 있기 억울 하니 같이 빠져서 그나마 위안을 얻으려는 심보다.

이런 자들에게는 특징이 있다. 자신이 잘나갈 때 세 상에 냉담했다. 이들은 수렁에 빠지면 도와달라고 손을 잘 내민다. 특히 이런 자들을 도와주려면 같이 수렁에 빠지지 않도록 아주 조심해야 한다.

누구도 전적으로 의지하거나
전적으로 책임지지 않도록 하라

누구를 전적으로 책임진다는 것은 그를 신이 돌보듯 보살펴야 한다는 뜻이다. 그러나 인간은 신이 아니다. 또 누구만 전적으로 의지한다는 것은 그의 종이 된다는 말이다. 따라서 전적인 의지나 전적인 책임은 바람직하지 않다.

책임도 나누고 부담도 나누어야 한다. 그래야 인간으로서 존엄성과 자유가 있다. 자유는 어떤 귀한 선물보다 더 소중하므로 포기해서는 안 된다. 자유는 곧 생명이다.

내가 누구를 의지하는 대신 다른 사람이 나에게 의지하는 것이 스트레스가 훨씬 적다. 권력의 유일한 이점은 좋은 일을 더 많이 할 수 있다는 것이다. 무엇보다 다른 사람의 도움을 호의로만 여기지 마라. 일반적으로 자신에게 의존하게 하려는 것이다.

어떤 경우든 들뜨지 말고 차분하라

쉽게 흥분하거나 쉽게 낙담하지 마라. 아무리 좋은 일도 계속되지 않고 아무리 나쁜 일도 오래 못 간다. 좋다고 들뜨면 좋았던 일도 쉽게 가라앉고 힘들다고 낙담하면 힘든 그 일에 더더욱 끌려간다. 들떠서 행동하면 의지는 가벼워지고 이성은 실종되기 때문에 그동안 쌓아놓은 공정마저도 날아간다. 차분해져야만 비로소 자신에게 이로운 행동을 할 수 있다.

조울증처럼 기분이 널을 뛸 때 진정시키는 중매쟁이가 바로 내가 나를 돌아보는 것이다. 스스로 지금 나는 왜 이렇게 기분이 고조되었는지, 아니면 왜 침울한지를 살펴보라는 것이다. 이것이 나를 물끄러미 바라보기다. 관전자는 언제나 선수보다는 더 객관성을 유지한다. 내가 나를 바로 보기 시작하면 들떴던 기분이 가라앉으며 사태를 좀 더 합리적으로 풀어갈 수 있다.

288

적응하는 자가 강한 자다

강한 자는 영리한 자가 아니라 적응하는 자다. 적응하는 자가 끝내 이기리니 상황변동에 따라 생각과 행동을 재조정하라.

시대의 조류는 누구도 기다려주지 않는다. 침 뱉은 우물을 또 마셔야 할지도 모른다. 시대에 따라 선이 악이 되고 악이 선이 되는 극단적 역설이 널뛰기처럼 일어난다. 현명한 사람은 어제 보았던 북극성이 아니리 지금 빛나는 북극성을 보고 간다. 바로 지금 이 순간을 살아라. 사랑할 수 있을 때 사랑하고 일할 수 있을 때 일하라. 인간의 기본 덕목 외에 어떤 고정관념에도 묶이지 말라는 것이다.

경박하다는 인상은 주지 마라

"왜 그리 사람이 가벼워."

사람들은 인간적인 것을 좋아하면서도 너무 인간적이면 경박하다고 본다. 인간적인 면모를 많이 드러내면 편한 사람이라는 소리는 듣는다. 그러나 가벼운 사람으로 치부하고 더는 진지하게 대하지 않는다. 설령 실력이 뛰어난 데도 일부러 눈높이를 맞추느라 경박하게 행동했다면 별 볼 일 없는 사람 취급한다.

자신들과 실상 엇비슷한 사람이라도 거리를 두고 신비성을 지키면 묘하게 흠모한다. 이것이 자신과 다른 이를 싫어하면서도 자신과 비슷한 이는 존경하지 않는 '이중적 심리'다. 현자는 어떤 질문에는 소이부답笑而不答했다. 그러면 틀릴 일도 없고 존경은 계속된다.

아무리 진담이라도 경솔한 참견은 진지하게 받아들이지 않는다. 특히 나이 들어서도 경솔하면 더욱 존중받기 어려우니 항상 신중해야 한다.

～～ 290 ～～
사랑과 존경의 관계

사랑과 동시에 존경을 받으려 하지 마라. 그런 일은 드물다. 눈에서 멀어지면 마음도 멀어진다고 사랑이란 깊어질수록 가까이, 더 가까이하려고 한다. 친밀욕구가 일어나 무엇이든 함께하고픈 것이다. 그런 사랑은 일반적으로 존경과는 거리가 멀다.

존경은 다르다. 존경이 깊을수록 경외감이 일어 먼발치에서 우러러보아도 좋을 뿐 범접하려 하지 않는다. 일반적으로 존경받으면 사랑받는 것과는 거리가 멀어진다. 사랑은 미움보다 더 예민해서 명예와 어울리기 어려우며 명예는 존경과 더 잘 어울린다.

지나치게 경외하는 존재가 되려고 하거나, 너무 많은 사랑만 받으려 해서는 안 된다. 사랑의 열기가 깊을수록 무조건 함께하려 하기에 존경심은 사라진다. 맹목적 사랑 대신 서로 존중하는 사랑을 추구하라. 그래야 두고두고 사랑을 나눌 수 있다.

291

어떤 사람도 테스트는 해보아야 한다

재주 중에 최고 재주가 사람을 관리할 줄 아는 재주
다. 현명한 왕은 제위를 물려주기 전에 후계자를 여러
가지로 시험해보았다. 일에 대해 예리한 분별력과 노련
한 판단력으로 성공해도 사람 보는 눈이 어두우면 올무
에 걸리게 된다. 식물이나 광물질의 특성을 알아가듯 사
람의 특성도 알아가야 한다. 그래야 그 특성에 맞출 수
있고 악인의 올무도 피할 수 있다.

누구든 테스트해보라는 것은 사람을 무시해서가 아
니라 그가 어떤 일에 적합한지 그와 어떻게 관계를 맺어
야 하는지를 점검해본다는 뜻이다. 금속은 두드려보면
그 소리로 알 수 있고 사람은 말과 행동으로 알 수 있
다. 말은 지혜를 보여주지만 행동은 진실성을 보여준다.
여기에 주의를 기울여 한 사람이든 여러 사람이든 꾸준
히 관찰하다 보면 미묘한 분별력이 생겨난다.

〜 292 〜
재능이 지위보다 더 좋아야 한다

내 재능이 열이라면 아홉 개 이하가 필요한 자리, 다섯이라면 네 개 이하면 자리가 충분히 좋다. 내 재능으로 감당하고 약간 여유가 남아야 한다는 것이다. 분수 밖의 일을 맡으면 뒷감당이 안 된다. 과욕을 부리면 일도 잘 안 되고 본인도 탈진한다. 개인의 자질이 언제나 자리의 크기를 능가하게 하라. 그 반대가 되면 행운도 멀어진다.

지위가 높아지면 사람의 그릇도 커지든지 아니면 키우기라도 해야 한다. 명예도 마찬가지다. 인격이 명예 위에 있어야지 아래에 있으면 압도당한다. 그래서 쉽게 낙심하고 결국 명성까지 잃는다. 그렇기 때문에 위대한 아우구스투스*도 인간적 자질을 황제라는 지위보다 더 중시했다.

---

* 아우구스투스(Augustus, 기원전 63~기원후 14)는 초대 로마 황제였지만 황제보다 프린켑스(Princeps: 가장 훌륭한 시민)로 불리길 원했다.

⤬ 293 ⤬
성숙의 유리한 점

내면이 성숙하면 외면이 빛나게 되어 있다. 빈약한 몸은 옷으로 감출 수 있지만 빈약한 내면은 무엇으로도 덮을 수 없다. 천박한 졸부라는 말이 그래서 나온 것이다. 중력이 물질의 질서를 잡아주듯이 성숙한 내면은 외모뿐 아니라 습관에서 더욱 빛을 발한다.

성숙한 사람은 목적에 따라 행동하므로 한마디를 던져도 권위 있는 어조가 된다. 이들이 어떤 글을 쓰면 곧 대중연설과 같은 효과를 일으키고 작은 몸짓 하나도 공적인 영향력을 미친다.

누가 성숙해지는가. 자기 내면이 미성숙한 아이로 남아 있기를 거부한 사람들이다. 그래야 진지한 권위를 얻는 것이다.

294

누구나 자기가 합리적이라고 생각한다

합리적이려면 누구나 객관적으로 수긍할 수 있어야 한다. 그러나 현실은 그렇지 않다. 누가 수긍하든 말든 각자 자기 의견이 합리적이라고 믿는다. 나름대로 근거도 충분하다고 상상하지만 실상은 자기 이익에 따른 의견일 뿐이다. 자신이 상상하는 근거가 가장 합리적이라는 확신으로 다른 의견과 부딪쳐도 포기하지 않는다.

우리는 자기 편의에 따른 개념을 만들어놓고 그 개념이야말로 이성적이라고 본다. 이성은 그 자체가 진실이어야 하며 두 얼굴을 갖지 않아야 하기에 각자가 자기 개념을 진실이라 굳세게 믿는 것이다.

무엇이 합리적일지 묻기보다 모두가 공감하는 견해를 어떻게 끌어내느냐를 물어야 한다. 그러려면 내 의견을 표명하되 온건하게 해야 한다. 그 후 서로 처지를 바꿔서 생각해보며 타협책을 찾아야 한다. 그래야 쌍방이 무조건 비방하거나 자신만 옳다고 주장하지 않는다.

공을 세웠으면 내가 아닌
다른 사람이 말하게 하라

한번 공을 세웠다고 과시하면 간신들이 득세한다. 이런 간신들과는 또 다른 업적을 쌓을 수 없다. 간신과 함께 탄 배는 뒤로 밀려나게 되어 있다. 공은 자화자찬하면 하찮아지고, 다른 사람들이 알려주면 위대해진다.

내가 얼마나 대단한지를 내 입으로 말하지 말고 중요한 일을 꾸준히 해나가라. 몇 가지 업적에만 도취되면 허영에 찬 카멜레온으로 취급받는다. 허영은 언제나 비열하면서도 불쾌해서 공적에 부스러기가 나온다. 그러면 개미들이 그 부스러기를 훔치려 달려든다. 개미들이 긁어대지 못하게 하려면 업적 자체로 만족하고 찬양은 다른 사람에게 맡겨라.

업적을 과시하려고 언론을 매수하는 것은 진흙탕에 기록하는 것과 같으며 조롱을 피하기 어렵다. 영웅처럼 보이려 하지 말고 진짜 영웅이 되려는 열망으로 움직여라.

가진 것을 활용할 줄 알아라

인재의 부각과 침몰은 리더의 자질에 따라 달라진다. 리더를 잘 만나면 작은 능력도 빛을 보지만 잘못 만나면 큰 능력도 묻힌다. 평범한 사람도 잘 활용해 큰일을 해내는 사람이 있는가 하면 최고의 인재도 쓸모없게 만드는 사람도 있다. 사소한 가재도구 하나하나를 쓰임새 있게 활용하는 사람이 있는가 하면, 비싼 제품도 방치하는 사람이 있다.

어떻게 하면 좋은 리더가 될 수 있을까? 내게 없는 것만 부러워하지 말고 나와 관련된 것을 충분히 활용하라. 그렇게만 해도 리더의 자질을 충분히 기를 수 있다. 인간은 역사적으로 신을 영원하고 무한하다고 규정하여 경외감을 자아냈고, 어떤 인물은 장엄하고 위대한 스토리로 휘감아 영웅신화를 창조해냈다. 오늘날의 리더도 영웅 같은 스토리로 위엄이 스며들게 해야 행위와 말에 초월적 권위가 깃든다.

혼자 있을 때도 자기를 관리하라

누가 보든 보지 않든 기본은 지켜야 한다. 보는 사람이 없다고 해서 악행을 저지르면 안 된다. 지붕에도 눈이 있고 벽에도 귀가 달려 있는 것처럼 행동해야 한다. 그래야 나쁜 습관에 물들지 않는다. 버릇은 송곳과 같아서 비단 보자기 속에 감추어 두어도 알아채지 못하는 사이에 보자기를 뚫고 나온다. 안에서 새는 바가지가 밖에서도 새는 법이다. 특히 명성을 원하거든 혼자 있을 때도 이웃의 시선이 벽 너머를 보는 것처럼 해라. 그래야 좋은 버릇이 든다.

좋은 취향이 비범해지는 지름길이다

사람을 뛰어나게 만드는 세 가지 재능이 있다. 창의력과 분별력과 취향이다. 창의력이 있는 사람은 흔치 않고 분별력이 있는 사람은 적지 않으며 취향은 누구나 다 가지고 있다. 취향이 역량 구현의 출발점이기 때문이다. 필요한 취향을 지녀야 분별력이 올라 창의력이 발휘된다.

누구나 창의력의 천재가 될 수 있다. 다만 먼저 좋은 취향을 길들여야 한다. 사람은 자기 취향에 따라 판단한다. 취향이 유익하면 유익한 판단을, 사악하면 사악한 판단을 내리지만 엉망이면 판단을 못 내린다.

당신의 취향을 잘 길들여라. 그러면 그 취향이 스라소니의 눈처럼 무의식에 잠든 창의력을 따뜻한 눈으로 응시하며 일깨운다. 이 창의력이 활동하도록 또다시 이끄는 것이 분별력이다. 그렇기에 창조력의 척추를 취향에서 비롯한 보편타당한 판단력이라 하는 것이다.

약간 부족한 것이 좋다

무엇이든 지나치면 부족함만 못하다. 너무 먹어 생기는 병은 많아도 덜 먹어 생기는 병은 없다. 좋은 것도 한꺼번에 즐기면 곧 질린다. 사람이 뭔가 부족해야 채우려고 노력한다.

귀할수록 아껴가며 두고두고 음미하듯 즐겨라. 수요가 가치의 척도이듯이 성취 가능성의 척도는 갈급한 열망이다. 꿀단지가 있더라도 입술에만 약간 바르고 멀리 치워두어라. 감로수는 혀끝부터 적셔 나갈 때 그 맛이 제대로 나는 법이듯이 작게 시작해 천천히 좋아지는 것이 두 배로 더 좋다.

만족해서 태만해지면 완전한 실패로 향하게 된다. 어떤 성공도 태만의 홍수를 버텨내기 어렵다. 언제나 약간은 부족한 채 남겨두어야 한다. 매사에 자만하기보다 어떤 결핍에서 오는 안타까움을 남겨두어라. 그것만이 자신의 열정을 자극하는 길이다.

한마디로 미덕의 사람이 되어라

이것이 앞서 한 모든 이야기의 종합이다. 미덕이야말
로 성공과 성숙의 의미 있는 연결고리이며 기쁨의 중심
이다. 미덕 없는 성숙은 없고, 성숙 없는 성공은 보람 없
는 인생으로 귀결된다.

미덕이야말로 한 사람을 보편적 영웅이 되게 한다. 보
편적이란 우주적·항구적인 것이다. 미덕이란 무엇인가?
다음과 같은 3S, 즉 거룩성, 건강, 지혜가 있다.

거룩성은 신성한 의식으로 개체가 만물과 연결되어
있다는 물아일체物我一體적 관점이다. 건강은 건전한 신체
와 정신을 말한다. 여기서 행복한 라이프스타일이 나온
다. 지혜는 비전 있는 삶의 과정을 즐길 힘, 즉 통찰력과
같은 것이다. 이 세 요소를 갖춘 사람이 행복한 성자다.

미덕 없는 양심 없고, 악덕 없는 혐오 없다. 인생에 진
지한 것은 미덕뿐이며 미덕 없이 진지한 것은 그저 농담
에 불과하다.

누가 출중하고 누가 위대한가. 업적과 재산이 아니라 미덕으로 측정해야 한다. 미덕 없는 능력이나 업적은 거룩성을 파괴한다. 오늘날 문명의 성취가 자연의 파괴로 나타나는 것도 그 때문이다. 미덕이야말로 인간의 양심이며 사회라는 소우주의 태양이다.

신명 나는 처세 매뉴얼을 통찰하다

그라시안은 중세 스페인은 물론 전 유럽에서 하나의 거대한 반칙이었다. 당시 유럽은 국왕과 교회의 카르텔이 지배하며 마녀사냥이 횡행했다. 그런 사회에서 그라시안은 예수회 신부인 데다가 국왕의 고문으로서 얼마든지 특권을 누릴 수 있었다. 그럼에도 카르텔의 위선을 간파해 재치 있게 이겨낼 방법까지 담은 『신명 나는 처세 매뉴얼Oráculo manual y arte de prudencia』을 펴냈다. 그것도 교회 당국의 허락도 받지 않은 채 말이다.

이러한 반칙의 대가는 혹독했다. 이 책은 결국 금서가 되었고 그라시안은 처벌과 감시를 받으며 지내야 했다.

그래 놓고 왕실이나 귀족, 성직자들은 그라시안의 책을 보물처럼 숨겨놓고 탐독했다. 일반인은 모르게 하고 자기들끼리만 알고 싶었던 것이다.

이 책은 원전의 기본에 충실하면서 현실 감각에 맞게 편역했다. 『손자병법』과 함께 인류의 양대 처세서인 이 책은 우리에게 도덕군자가 되라는 것도 아니고 그렇다고 간교한 사람이 되라는 것도 아니다. 다만 인간의 기본도리는 지키면서 어떻게 처세해야 하는지만 이야기한다. 그래서 교회의 도덕이나 교리는 거의 언급하지 않는다.

'첫인상에 사로잡히지 마라, 노출과 은폐를 병행하라, 최측근이라도 약점은 알고 있어야 한다, 누구에게도 전부를 주거나 누구의 전부도 가지려 마라, 영원히 사랑도 말고 영원히 미워도 말라, 눈과 귀는 거짓도 들어오는 문'이라는 등 상식의 허를 깨치면서도 실생활에서 바로 써먹을 수 있는 금쪽같은 내용으로 구성되어 있다.

처음 그라시안을 접하고 조금 더 일찍 알았더라면 얼마나 좋았을까 탄식했다. 독자들도 이 책을 펴는 순간 같은 생각을 하게 될 것이다.

그라시안의 교훈은 현실 적응력이 매우 강하다. 그라시안은 스페인과 프랑스가 벌인 30년전쟁 때 종군 신부로 참전해 가는 곳마다 이겨 '승리의 화신'이라는 환호를 받았다. 그랬기에 400년이 지난 후에도 니체, 쇼펜하우어, 프로이트, 아들러, 카를 융, 귀스타브 르 봉 같은 유명한 철학자와 심리학자들에게 영감을 주면서 현대 철학이나 심리학, 경영학 등에 영향을 미치고 있다.

이동연

발타사르 그라시안 연보

1601년 1월 8일 아라곤의 벨몬테 데 칼라타유드에서 태어났다.

1619년 타라고나의 예수회 교단에 들어가 사제 수업을 받기 시작했다.

1620년 라틴어와 그리스어의 기본과정을 이수한 뒤 하위 서품을 받고
칼라타유드에서 철학 공부를 하도록 허가를 받았다.

1623년 칼라타유드에서 철학을, 사라고사대학에서 신학을 공부했다.

1627년 칼라타유드에서 사제서품을 받고 인문학과 문법을 가르쳤다.

1630년 발렌시아의 교단에서 목회자와 고해성사 신부가 되었다.

1632년 레디아에서 가르쳤고 간디아대학에서 철학교수로 있었다.

1636년 목회자로 활동했으며 아라곤의 우에스카에서 집필을 도와준 후
안 빈센치오 데 라스타노사와 우정을 쌓았다.

1637년 형제의 이름으로 첫 번째 저서 『영웅론』을 출간했다.

1639년 마드리드의 궁정에서 노세라 백작과 교제했다.

1640년 『정치가-돈 페르난도 가톨릭교도』를 발표했다.

1641년 마드리드에서도, 왕의 궁정에서도 연설가로 유명해져 4천여 명
이 그의 교회 앞에 서 있기도 했다.

1642년 『재능의 기술』을 펴냈으며 타라고나에서 부총장에 임명되었다.

1644년 발렌시아로 좌천되었으며 거기서 적대감을 느꼈다.

1646년 발렌시아에서 그가 지옥으로부터 편지를 받고 해독했다는 이상
한 소문이 돌아 심하게 고생했다. 『사려 깊은 자』를 펴냈다. 군대

성직자로서 프랑스가 점령한 레디아의 정복에 참가하고 승리의 아버지라는 이름을 얻었다.

1647년 가장 유명한 책인 『사려와 지혜의 책(Oráculo manual y arte de prudencia)』을 우에스카에서 출간했다.

1648년 그가 쓴 모든 책의 인문주의적 배경을 담은 『재능의 기술』 재판을 출간했다.

1651년 『비판자』 제1부를 그라시안 데 마르로네스라는 가명으로 출간했다. 사라고사에서 성서해석 교수로 학생들을 가르쳤다.

1652년 그의 저술 때문에 로마의 예수회 장군인 독일인 코스빈 니켈에게 고발되었다.

1653년 『비판자』 제2부가 출간되었으나 그의 출판을 반대하는 교단과 갈등이 커졌다.

1655년 화해의 제스처로 『성체 배령석』을 출간했다. 그가 자기 이름으로 교단 지도층의 허락을 받아 발표한 유일한 저서로, 종교적 성격을 지녔다.

1657년 『비판자』 제3부가 출간되었다.

1658년 교수직에서 파면되고 그라우스로 좌천되었으나 교단에서 면직을 요청해 부분적으로 복권되었다. 12월 6일 57세로 숨을 거두었다.